大力提升知识产权服务质量 深入实施创新驱动发展战略

——2018年中华全国专利代理人协会年会暨第七届知识产权论坛优秀论文集

中华全国专利代理人协会◎编

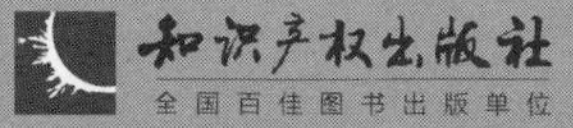

图书在版编目（CIP）数据

大力提升知识产权服务质量　深入实施创新驱动发展战略/中华全国专利代理人协会编. —北京：知识产权出版社，2018. 6

ISBN 978 - 7 - 5130 - 5591 - 8

Ⅰ. ①大…　Ⅱ. ①中…　Ⅲ. ①知识产权—中国—学术会议—文集　Ⅳ. ①D923. 404 - 53

中国版本图书馆 CIP 数据核字（2018）第 110481 号

内容提要

本书为 2018 年中华全国专利代理人协会年会暨第七届知识产权论坛优秀论文集，内容涉及知识产权领域的多个方面，作者结合自身的知识产权工作实践，提出了很多新观点、新思路、新创意，对我国知识产权制度的发展和进步具有良好的借鉴和启迪。

责任编辑：卢海鹰　王瑞璞　　　　**责任校对**：王　岩

版式设计：王瑞璞　　　　**责任印制**：刘译文

大力提升知识产权服务质量　深入实施创新驱动发展战略

——2018 年中华全国专利代理人协会年会暨第七届知识产权论坛优秀论文集

中华全国专利代理人协会　编

出版发行：知识产权出版社有限责任公司　　**网　址**：http：//www. ipph. cn

社　址：北京市海淀区气象路 50 号院　　**邮　编**：100081

责编电话：010 - 82000860 转 8116　　**责编邮箱**：wangruipu@ cnipr. com

发行电话：010 - 82000860 转 8101/8102　　**发行传真**：010 - 82000893/82005070/82000270

印　刷：三河市国英印务有限公司　　**经　销**：各大网上书店、新华书店及相关专业书店

开　本：720mm × 960mm　1/16　　**印　张**：9. 75

版　次：2018 年 6 月第 1 版　　**印　次**：2018 年 6 月第 1 次印刷

字　数：170 千字　　**定　价**：45. 00 元

ISBN 978-7-5130-5591-8

2018年中华全国专利代理人协会年会暨第七届知识产权论坛征文评审委员会

主　任：杨　梧

副主任：林柏楠　马　浩　王宏祥　姜建成　李　勇
任　虹　陈　浩　胡　杰　吴大建　徐媛媛

成　员：寿　宏　马　兰　王达佐　龙　淳　刘　芳
刘孟斌　汤建武　余　刚　张建成　张敬强
李卫东　李　勇*　李雁翔　陆锦华　党晓林
徐　平　徐　宏　尉伟敏　程　伟　蹇　炜
宋晓晖

秘书组：宋晓晖　邢春雷

---

* 李勇老师来自北京市金杜律师事务所。

序

2017年，习近平总书记在十九大报告中强调，创新是引领发展的第一动力，是建设现代化经济体系的战略支撑，报告中又进一步指出“倡导创新文化，强化知识产权创造、保护、运用”。这充分体现了党中央对知识产权工作的高度重视，为进一步做好知识产权工作提供了根本遵循和行动指南。

助力知识产权强国建设工作，需要进一步强化质量导向，深入实施专利质量提升工程，大力培育高价值核心专利，推动知识产权创造由大到强、由多到优的转变。专利质量提升工程是一项系统工程，需要从创造、申请、代理、审查、保护和运用全链条各环节综合施策、多策并举。专利代理是知识产权创造全链条中一个重要环节，专利代理水平的高低也决定着专利质量。为倡导建立以诚信服务为本、以追求质量为魂、以行业自律为根的行业文化理念，中华全国专利代理人协会组织开展了主题为“大力提升知识产权服务质量，深入实施创新驱动发展战略”征文活动，旨在引发思考、强化交流、落到实处，从而为切实提升专利代理质量和服务水平，助力专利质量提升工程，推动建设创新型国家作出更大贡献。

本次征文活动得到了国家知识产权局专利局、广大专利代理机构、法院、企业以及大专院校知识产权工作者的热情参与，共收到稿件200余篇。这些文章题材广泛，内涵丰富，观点新颖，充分反映了知识产权人在不同层面、不同角度的艰辛而卓有成效的探索。

本书汇集了此次征文活动精选出的15篇优秀论文。各位作者在论文中所研究的问题、分享的经验和提出的建议对广大专利代理人具有广泛而深入的启示，也充分展示了我们进一步深化知识产权服务，助力专利质量提升工程，促进创新驱动发展战略实施的信心和能力！

中华全国专利代理人协会
二〇一七年十二月十二日

目　录

第一部分　专利代理行业建设

第二部分　专利申请审查、代理业务

第三部分　企业知识产权

第四部分　国内外知识产权维权法律及实务

第五部分　新业态下知识产权服务模式的创新和思考

（优秀论文排名不分先后。——编者注）

第一部分

专利代理行业建设

中国国家知识产权局与欧洲专利局有关创造性审查的比较

王小东*　刘久亮*

【摘　要】

本文从中国国家知识产权局与欧洲专利局对本领域技术人员的定义以及创造性的审查标准入手进行分析，给出了中国国家知识产权局与欧洲专利局在创造性规定方面的一些异同。

【关键词】

本领域的技术人员　创造性　公知常识

一、引　　言

创造性是一项发明创造能够授予专利权的实质性条件之一，是专利申请实质审查、专利无效宣告程序、专利行政案件中涉及比例最高的法律问题，因此其审查标准也成为专利申请人或专利权人、人民法院乃至社会公众最为关注的问题。

判断发明是否具备创造性，就是要判断发明是否具有突出的实质性特点和显著的进步，中国国家知识产权局和欧洲专利局对创造性判断采用了基本类似

* 作者单位：北京三友知识产权代理有限公司。

的标准，都需要站在本领域技术人员的角度来对发明的创造性进行判断。本文通过中国国家知识产权局与欧洲专利局对本领域的技术人员的定义和创造性审查的规定，对它们的异同点进行了具体分析。

二、中国国家知识产权局与欧洲专利局对于“本领域的技术人员”的定义

中国国家知识产权局和欧洲专利局都规定了在审查创造性时，必须从“本领域的技术人员”的角度来进行把握，下面详细分析中国国家知识产权局和欧洲专利局对于“本领域的技术人员”定义的一些异同。

1. 中国国家知识产权局对“本领域的技术人员”的规定

根据中国国家知识产权局《专利审查指南2010》的规定，判断创造性和充分公开时对“本领域的技术人员”采用了相同的定义：即知晓申请日或者优先权日之前发明所属技术领域所有的普通技术知识，能够获知该领域中所有的现有技术，并且具有应用该日期之前常规试验的手段和能力，但他不具有创造能力。如果所要解决的技术问题能够促使本领域的技术人员在其他技术领域寻找技术手段，他也应具有从该其他技术领域中获知申请日或优先权日之前的相关现有技术、普通技术知识和常规试验手段的能力。

2. 欧洲专利局对“本领域的技术人员”的规定

欧洲专利局在审查发明是否充分公开和创造性时均涉及了“本领域的技术人员”这一概念，但对“本领域的技术人员”的定义却不同。表1简要比较了欧洲专利局审查充分公开时和创造性时的“本领域的技术人员”。

表1　欧洲专利局审查充分公开时和审查创造性时本领域的技术人员的比较

审查充分公开时的定义	审查创造性时的定义
一般技术人员，知晓申请日前本领域的所有普通技术知识。具有本领域的常规试验的手段和能力	一般技术人员，知晓申请日之前本领域的所有普通技术知识。具有本领域的常规试验的手段和能力
——	能够获知该领域中所有的现有技术，特别是检索报告中引用的文献。 如果所要解决的技术问题促使本领域的技术人员在其他技术领域寻找解决方法，他也具有从其他技术领域寻找解决该问题的方法的能力
知晓申请文件本身以及其引证文件的教导	——

根据表1的定义，在审查创造性时，欧洲专利局的“本领域的技术人员”的普通技术知识（common general knowledge）有以下要求：

根据《欧洲专利局审查指南》的规定和欧洲专利局申诉委员会的判例，判断文献记载的内容是否构成“普通技术知识”有以下原则：

（1）基础手册、专著和教科书中公开的技术信息构成普通技术知识；

（2）专利文献和经过全面检索获得的技术情报通常不构成普通技术知识；

（3）如果技术领域比较新，由于教科书还不能提供相关技术知识，专利文献和科技出版物也可能构成普通技术知识。

3. 中国国家知识产权局和欧洲专利局有关“本领域的技术人员”的比较

从定义来看，中国国家知识产权局对“本领域的技术人员”的定义与欧洲专利局审查创造性时的定义基本相同。对于“普通技术知识”，中国国家知识产权局《专利审查指南2010》定义“本领域的技术人员”时也涉及了这一概念，但没有作进一步的解释和规定。另外，中国国家知识产权局《专利审查指南2010》还涉及了“公知常识”这一概念，并列举了被认为是公知常识的内容，例如，本领域中解决该重新确定的技术问题的惯用手段，或教科书/工具书等中披露的解决该重新确定的技术问题的技术手段。如果中国国家知识产权局《专利审查指南2010》中的“普通技术知识”等同于《欧洲专利局审查指南》中“普通技术知识”的含义，那么，根据中国国家知识产权局《专利审查指南2010》对“公知常识”的举例说明可看出，“公知常识”构成“普通技术知识”的一部分，或者说至少二者存在重叠的部分。而欧洲专利局在其判例中对“公知常识”进行了总结，通常是指基本手册、专论和教科书中包含的与主题相关的信息。作为例外，如果发明研究领域非常新，在教科书中没有相关的技术知识，则公知常识还可以包含在专利说明书或科学出版物中的信息。

三、中国国家知识产权局和欧洲专利局关于创造性审查的比较

创造性，也称非显而易见性，是授权专利权的重要实质条件。与新颖性相比，创造性的判断是专利审查过程中一个更为关键而复杂的问题。

欧洲专利局在判断创造性时，根据其审查指南的规定，审查员通常采用“问题和解决方案”的判断方法，同样有“三步法”的判断准则：

（1）确定最接近的已知技术；

（2）确定需要解决的技术问题；

（3）从上述最接近的已知技术和技术问题出发，判断权利要求所述的发明对于所属技术领域里的普通技术人员来说是否显而易见。

在上面第（3）步判断时，欧洲专利局规定了采用“Could - would”方法，即在面对需要解决的技术问题时，本领域的技术人员基于现有技术整体的启示是否愿意改进最接近的现有技术，而不是是否能够改进最接近的现有技术。

最接近的已知技术可以是：

（1）在所属技术领域中的一种已知技术的组合，这种组合具有和权利要求所述发明最为接近的技术效果、目的或者用途；

（2）在所属技术领域中的一种已知技术的组合，这种组合和权利要求所述发明所共有的技术特征数目最多，并能实现发明的功能。

这种判断方式，从发明人角度、由检索到的现有技术和发明所要解决的技术问题出发，判断所属技术领域的技术人员能否显而易见地导出发明的技术方案，使得思维方式与发明创造实际作出时的思路基本一致，将主观因素限制到一个很小的范围，结论相对客观公正。

当通过检索确定的一份最接近的现有技术文件在文字上没有明确地或隐含地公开某申请的权利要求中所包含的全部技术特征，即二者存在区别技术特征时，需要考察权利要求是否具备创造性。如果所述的区别技术特征也未被其他的现有技术文件公开，则认为该权利要求具备创造性；如果所述的区别技术特征也已经被其他的现有技术文件公开，在这种情况下，需要仔细地对比所述区别技术特征在第二份对比文件中所起的作用或解决的技术问题与其在申请文件中所起的作用或解决的技术问题是否相同，若二者相同，则认为该权利要求不具备创造性；但如果二者的作用不同，则不适合质疑权利要求的创造性，理由是对比文件 2 中并未提供解决所述技术问题的任何启示。需要特别指明的是，除上述一般情况以外，还有一种特殊情况，即权利要求中所包含的全部技术特征都已经被一份最接近的现有技术文件公开，但分布在不同的实施例中。举例说明，某申请的权利要求 1 包含 A、B、C 和 D 四个技术特征，而在最接近的现有技术文件中，实施例 1 公开了 A、B、C 三个技术特征，实施例 2 公开了 A、B、D 三个技术特征。毫无疑问，以上权利要求 1 是具备新颖性的。如果在所述最接近的现有技术文件中存在可以将技术特征 D 应用到实施例 1 中的启示，或者存在可以将技术特征 C 应用到实施例 2 中的启示，则可以采用与将两份现有技术文件结合起来评价权利要求的创造性的方式相同的方式，将一份现有技术文件中的两个不同实施例结合起来共同质疑权利要求的创造性。

并且，欧洲专利局申诉委员会在关于创造性判断时涉及“公知常识”给出了以下结论：

（1）公知常识一般情况下是不需要举证的；

（2）当有关方或欧洲专利局提出质疑时，需要提交证据证明；

（3）如果有关方没有对审查小组关于公知常识的事实提出质疑，在驳回决定中首次引入证明公知常识的证据不违反听证原则；

（4）但是如果有关方对审查小组关于公知常识的事实提出质疑，在驳回决定中首次引入证明公知常识的证据违反听证原则。

中国国家知识产权局同样规定了判断创造性的标准，根据《专利审查指南2010》的规定，采用“三步法”来判断发明的创造性：

（1）确定最接近的现有技术；

（2）确定发明的区别特征和实际要解决的技术问题；

（3）判断要求保护的发明对本领域技术人员来说是否显而易见。

《专利审查指南2010》进一步规定了：要从最接近的现有技术和发明实际所要解决的技术问题出发，确定现有技术整体上是否存在某种技术启示，即现有技术中是否给出将上述区别特征应用到该最接近的现有技术以解决其存在的技术问题（发明实际解决的技术问题）的启示，这种启示会使本领域的技术人员在面对所述技术问题时，有动机改进该最接近的现有技术并获得要求保护的发明。也就是说，需要从现有技术的整体来考量是否具备创造性。《专利审查指南2010》进一步规定了当区别特征为“公知常识”时，发明不具备创造性，并且对于公知常识的举证进行了规定，即审查员在审查意见通知书中引用的本领域的公知常识应当是确凿的，如果申请人对审查员引用的公知常识提出异议，审查员应当能够说明理由或提供相应的证据予以证明。

为了有助于创造性的判断，我国《专利审查指南2010》第二部分第四章第3.3节规定了创造性的辅助性审查基准（欧洲专利局同样有类似审查标准）：

（1）发明解决了人们一直渴望解决、但始终未能获得成功的技术难题；

（2）发明克服了技术偏见；

（3）发明取得了预料不到的技术效果；

（4）发明由于其技术特征直接导致在商业上获得成功。

显然，一般审查基准侧重于考察发明的技术解决方案对本领域的技术人员来说是否显而易见，辅助性审查基准侧重于考察技术效果（例如，预料不到的效果、商业上的成功等）是否显而易见。

可见，中国国家知识产权局和欧洲专利局在判断创造性时都采用了“显而易见性”，具体采用“三步法”的原则，判断原则基本类似，欧洲专利局规定了在具体判断是否具备创造性时采用“Could -- would”方法。中国国家知识产权局和欧洲专利局对于“公知常识”的定义和举证的规定有所不同，欧洲专利局的定义更加明确，并且对于举证的规定也更加具体。

四、结　论

由上述分析可知，中国国家知识产权局和欧洲专利局对于创造性的判断的原则基本上一致，只是欧洲专利局在判断创造性时对于采用的现有技术规定更加细致和具体，并且，由于中国国家知识产权局对于“公知常识”的定义和举证规定不够明确，通过实际审查过程可以发现，审查员对于“公知常识”的使用比较频繁，而欧洲专利局由于检索系统（EPOQUE 检索系统）、检索手段和检索能力比较突出，并且对“公知常识”的定义和举证规定更加明确，并且在具体判断是否具备创造性时采用“Could – would”方法，因此，欧洲专利局在判断创造性时更客观。

参考文献

[1] 中华人民共和国国家知识产权局·专利审查指南 2010 [M]. 北京：知识产权出版社，2010.

[2] *Guidelines for Examination in the European Patent Office*，2015 年 11 月。

通过供给侧结构性改革促进专利代理行业的健康发展

徐敏刚[*]　王小东[*]

【摘　要】

作为专利代理行业业务来源的供给侧，申请人及其技术方案的质量对于行业整体服务水平的提高及行业健康发展有着直接的、在某种程度上甚至是关键性的影响，而政府和企事业单位对于专利申请直接作出经济上的优惠、补助和奖励政策在相当程度上影响了供给侧的正常配置。本文对这些政策对于专利代理行业供给侧的结构性影响进行了初步分析，并针对存在的问题、优化供给侧配置结构提出了改革建议。

【关键词】

供给侧改革　市场　专利代理　专利政策　外部环境

一、供给侧对于专利代理行业服务质量的重要影响

在2015年11月10日召开的中央财经领导小组第十一次会议上，习近平总书记提出了“供给侧结构性改革”概念：“在适度扩大总需求的同时，着力

* 作者单位：北京三友知识产权代理有限公司。

加强供给侧结构性改革，着力提高供给体系质量和效率，增强经济持续增长动力。”

提出“供给侧结构性改革”的背景是近年来出现了大量僵尸企业，积累了大量落后产能。而供给侧结构性改革，就是从提高供给质量出发，用改革的办法推进结构调整，矫正要素配置扭曲，扩大有效供给，提高供给结构对需求变化的适应性和灵活性，提高全要素生产率，更好满足广大人民群众的需要，促进经济社会持续健康发展。

供给侧结构性改革的手段之一就是将经济的发展方向锁定新兴领域、创新领域，创造新的经济增长点，而专利制度显然是鼓励创新的重要手段和保证。

毫无疑问，中国的专利行业通过30多年的发展，取得了令人瞩目的成就，发明专利的年申请量已连续5年排名世界首位，并在2015年突破了百万件。然而，与此同时，专利申请及专利的质量、专利的运用水平等还亟待提高。特别是，与外国在华拥有的专利相比，国内拥有的专利在技术水平、行业分布、维持年限等方面都有不小的差距。例如，虽然国内申请人获得的授权量高于国外申请人，但从维持10年以上的有效发明专利来看，国外在华专利拥有量是国内的2.2倍，运输领域达到了6.4倍。❶

就专利代理行业来说，执业专利代理人数量已超过1万人，整个行业从业人员达到6万人左右，不论从规模还是从水平来看都有了长足发展。但是，行业内仍存在服务水平参差不齐，行业发展与创新主体需求存在差距等问题。❷

要克服专利代理行业乃至整个专利体系中存在的上述问题，专利代理机构苦练内功固然是基本的要求，但外部环境的诸多方面的进一步深入改革，包括“供给侧”的结构性改革亦是重要乃至是关键性的一方面。

从供给和需求的关系来看，专利代理机构作为服务提供者，显然应该是服务的供给方，是专利代理服务需求的满足者。但从另一个角度来说，申请人及其提供的待申请专利的技术方案也是专利代理机构的业务供给侧（案源），是社会对于技术进步需求的技术供给侧，其供给质量如何，在很大程度上影响了专利代理质量的高低，并根本地决定了专利质量的高低。

这种案源供给侧对于专利代理质量的影响因素至少包括三个方面，一是技

❶ 图文直播：2015年发明专利申请授权及其他有关情况新闻发布会［EB/OL］.［2016-04-15］. http://www.sipo.gov.cn/twzb/2015ndzygztjsj/.

❷ 杨梧. 承载新使命　谱写新篇章［J］. 专利代理，2015（1）.

术方案本身的技术质量；二是价格因素；三是申请人对于专利及其代理行业的认识及对申请的关注程度。

第一，技术方案是专利代理工作的起点和“加工”的原材料，也是最终要保护的对象。巧妇难为无米之炊，但有好的方案不一定能获得高质量的专利，质量很差的方案则根本不可能获得高质量的专利。一些创造性不高、没有市场前景、只是应景凑数的方案，无论怎样加工，运用怎样高超的技巧，即使最终授权，都不可能从市场上获得相应的效益。因此，高质量的技术方案是高质量的专利代理及高质量专利的基础。

第二，作为正常的经营机构，通过正常的价格获得正常的盈利是专利代理机构生存发展的基本保证，优质优价至少到目前为止是被普遍接受的真理。即使专利代理机构出于某种考虑在某些时间、某些业务愿意以低价提供高质量的服务，但这种赔本生意不可能长久。如果行业的普遍价格长期不能达到提供高质量服务所要求的正常盈利水平，则全行业服务质量的普遍提高就不现实。如果某一客户群体不愿接受高质量服务的正常价格，则针对这一客户群体的长期整体的高质量服务就不现实。当然，也有某些申请人本身就对专利有很深的理解，但仍出于流程管理等方面的考虑以很低的价格委托代理，在这种情况下，即便授权专利的质量不低，但也不是专利代理机构提供高质量代理服务的结果。因此，正常价格是高质量专利代理服务的保证。

第三，申请人对于专利及其代理行业的认识及对申请的关注程度也非常重要。如果申请人对于专利制度没有正确的认识，仅是将专利单纯作为评奖、评职称的工具，学术成果，宣传手段，求名不求利，那么他就不会对服务质量作出很高的要求，而仅满足于授权。即使能够接受较高的价格，对于服务质量的提高也缺乏鞭策和监督。接受高价格但对服务质量缺乏高要求，即使不可能成为长期的普遍现象，从矛盾论的观点来看对于专利代理行业也是不利的。满足客户对于高质量服务的要求，有时甚至是引导客户对于高质量服务的需求，既是督促专利代理机构提高服务质量的动力，也是专利代理机构的重要竞争手段。

二、供给侧存在的问题

笔者最近在微信上看到一篇关于专利代理费和作业质量的“文章”，大意是文章作者创立的专利代理机构以很低的价格争取案源，但专利代理人的收入却不低。他的实现方法是首先认定专利代理人的实际服务费用就是 1000 元/小时，在此基础上，如果撰写新申请的价格是3000元，代理人就应在3小时内完成从收到交底书直至提交的所有工作，如果是2000元就花两个小时，一分钟都不延长。如果在相应时间内没有理解技术内容或是没有形成好的撰写方案，就将交底书作形式上的整理后直接提交。而在实审阶段收到审查意见通知书后，为了降低时间成本，则直接将通知书转给申请人让其给出答复方案，专利代理人仅整理格式提交即可。对于作业质量，文章作者认为，申请人肯花3000元代理费，就说明他认为自己的专利值3000元，肯花2000元，就说明他认为自己的专利只值2000元，既然申请人自己对质量都不在意，那专利代理人也不必吃力不讨好。至于审查意见的答复则更是鸡肋，花了几个小时研究了专利申请文件、对比文件、审查意见等材料之后往往写出的意见字数不多，很难让申请人理解为何字数很少的意见却收取较高的费用，因此干脆让申请人自己去研究。对此，文章作者给出的冠冕堂皇的理由是，技术方案只有发明人自己最清楚，当然自己研究的答复方案最合适。文章作者宣称，有大量的申请人实际上将价格作为选择专利代理机构的唯一标准，由于价格政策灵活，因此案源很丰富，而通过严格控制时间成本，使得专利代理人的收入也很不错。

然而，这样看起来皆大欢喜的结果实质上却必然会产生大量的垃圾专利申请或垃圾专利。即使技术方案本身有产生市场效益的潜力，这样的专利代理作业方式也无法产生能够满足应用需要、从市场获利的高质量的专利。无论从申请人、专利代理机构还是国家知识产权局等哪个方面看，都必然产生很大的资源浪费。

笔者虽然不能判断上面文章所述的真伪，但亲身经历却也验证了其存在的现实基础。一位小型企业负责人曾向笔者咨询如何答复审查意见及实审流程，并询问能否加快审查或向国家知识产权局“做工作”以尽快获得授权。在看过他的专利申请文件后，笔者发现其文件的基本格式都存在错误，更谈不上任何的撰写技巧，显然没有委托专利代理机构而只是凭着对专利的初步理解而自行撰写了说明书、权利要求书、附图等相应文件。在这位申请人的心目中，专利代理机构作为中介只是负责文件的整理工作，在必要时凭借行业内部的人脉关系使专利申请能够尽早授权。果然，这位负责人在询问了专利代理业务的价格后便没有了下文。

而且，不仅是某些申请人，在笔者与审查员的交流中发现，即使是某些审查员也认为，对于审查意见通知书，专利代理人只是将其转给申请人，由申请人确定答复方案，专利代理人所做的工作只是对于答复方案的整理、代交而已，因此，收到的通知书越多，专利代理人收取的代理费也就越高。

三、供给侧出现问题的成因分析

那么，是什么原因导致申请人对于自己苦心钻研的技术成果并不重视，或者对于专利代理人的要求如此之低呢？笔者认为，专利意识并未真正普及、大众对于专利制度并未真正理解固然是原因之一，但供给侧的资源要素配置不当也是重要原因。

从本质上说，专利制度通过使专利权人获得一定程度的技术垄断或通过技术壁垒获得超额利润来激励创新，因而专利的申请和应用就是一种商业经营行为，成本效益应该是其首要考虑的问题。俗话说，便宜没好货，如果要求产品质量高，就需要投入相应的成本，专利也是如此。申请人情愿投入较大的成本，一定是因为能够获得更大的回报，并且如果不投入较大的成本，不获得高质量的专利，就无法获得相应的回报。因此，这种回报一定是在市场上获得，经得起实践检验，而且配套的法律法规能够确保正常的市场秩序，从而使得专利权人能够获得合法的收益。

然而，很多国内申请人申请专利的目的却不是从市场上获得相应的更高回报，而且在侵权诉讼中举证难、赔偿低的问题也使得专利权人的利益不能得到充分保证。这就使得某些申请人没有动力、没有兴趣去追求高质量的专利，不能为专利代理机构提高服务质量，提供价格保证和鞭策要求。

目前，国家知识产权局对缴纳专利申请费用确有困难的国内单位和个人实行了费用减缓政策，可减缓大部分申请费用。因此，对于企业和个人来说，即使是申请初期经济困难，就申请费用来说已不成为很大的经济负担。

各地政府还出台了许多专利申请的奖励政策，对于国内外专利申请在授权后甚至是申请期间均给予数额不等的奖励，甚至对于委托专利代理机构的代理费用也给予一定的补贴。这就使得在不考虑研发费用的情况下，申请专利，即使是发明专利，几乎没有成本甚至略有盈余，从而使得个人和企业有了一定的动力去申请专利。

另外，一些高校、科研机构甚至是公司将授权专利作为科研成果的考核标准，一些地方政府还将专利拥有数量作为评价高新技术企业的一项重要标准，这就使得申请专利特别是大量申请专利成为有利可图，甚至是可获得较大利益的活动，使得个人和企业有了更大的动力去申请更多的专利，以从单位或政府得到职称评定、物质奖励、税收优惠等利益。而且，数量屡创新高的授权专利数量也成为地方政府的重要政绩。

当然，公众对于专利制度认识不足，在企业甚至是政府的宣传下，认为专利就等于高科技、高质量，也助推了个人或企业为了求名而申请。这种认识不足甚至偏差与上述奖励、考核政策也有着某种程度的关联。

不可否认，国家、地方乃至企事业单位的大量专利优惠、奖励、扶持政策在过去几十年是使得我国的专利事业从无到有、从小到大，知识产权保护思想深入人心的强大促进力量，也为专利代理行业创造了广阔的市场。但时至今日，这些优惠、奖励、扶持政策可能却成为专利代理服务质量及专利质量进一步提高，专利代理行业健康发展的瓶颈。

第一，如上所述，专利申请应该是一种商业经营行为，申请人应根据技术的市场前景来决定是否应申请专利。没有人愿意做赔本的买卖，如果技术没有市场前景，不能构成垄断、壁垒等市场竞争优势，申请人也就不会费时、费力、费钱去申请专利。如果出现判断失误，那也是申请人应承担的不利后果，属于正常的经营风险，因为市场在很多时候是不可预期的。

然而，上述国家、各级地方政府、企事业单位的优惠、奖励、扶持、考核政策使得获益渠道从市场变成了政府/企事业单位，从市场前景的不确定、风险自担变成了政策预期稳定，只要授权就稳赚不赔，甚至是名利双收，导致在市场环境下本不应申请专利的技术都进入到申请环节，甚至“创造”了很多专利用来评职称、评资格甚至立功受奖。

第二，虽然这些政策使得申请人有动力去申请专利，但一方面这些政策所带来的利益是有限的，另一方面这些政策也无法衡量授权专利质量的高低。

与专利能够带来的技术垄断、壁垒的超额利润相比，这些政策利益虽然预期稳定，但不可能很高。这就使得申请人不可能花费较大的成本去提高申请质量，否则就可能出现收益不及投入的情况。

另外，即便是能够带来较大收益的税收优惠等政策，对于专利质量也不可能作出准确评价。一件用来评奖的“专利”和一件能够带来市场竞争优势并经得起法律检验的专利从成本投入来说可能是天差地别，但在政策的执行者看来，二者只是两本毫无二致的专利权证书，对于政策的执行来说效果是一样的。也就是说，不论投入的成本高低，只要能够授权，在政策意义上的价值都是一样的。这就使得申请人不会在意专利代理服务的水平高低、权利要求的保护范围大小、权利的稳定性如何等因素，而一心只追求授权，只追求低价，除非这种低价会影响到授权。

上面提到的在国内申请人的申请量及授权量均远超国外申请人的情况下，国内企业维持10年以上的有效发明专利反倒大大低于国外企业的现象，除了国内企业的专利运作能力等因素之外，不能不说与这些政策有一定的关联。在政策性好处已经取得的情况下，再付出越来越大的成本去维持已无“价值”的专利就没有必要了。这也是没有出现像“僵尸企业”那样的所谓“僵尸专利”的原因。

第三，这些政策所带来的导向作用可能会在一定程度上扭曲大众对于专利的认知，并在一定程度上影响专利代理服务市场的价格秩序。

如上所述，这些政策与个人或企事业单位的职称、工作业绩、科研成果、立功受奖或税收等优惠挂钩，会令相当一部分公众认为专利主要是个人或单位对于社会和国家作出的贡献，是一种学术水平、技术水平的体现，而不会认为这是一种商业经营行为。即便进行了大量的宣传，也会给人造成理论和实践脱节的印象。

而且，这些“政策性专利”的大量出现，会造成相应规模的“政策性专利市场”及其价格体系，从而影响到专利代理服务市场的正常价格秩序。例如，在不久前某大学进行的专利招标中，某些正规的专利代理机构也给出了一件发明专利申请3000元甚至是1980元代理费的竞标价格。

第四，我国法律法规对于专利侵权采用的“填平原则”也在一定程度上影响了专利的市场价值的体现。

根据《专利法》❶ 及最高人民法院的相应司法解释❷，专利侵权赔偿数额按照权利人因被侵权所受到的实际损失或侵权人因侵权所获得的利益确定，或参照该专利许可使用费的倍数合理确定，包括权利人为制止侵权行为所支付的合理开支。这些费用都难以确定时，人民法院可以根据专利权的类型、侵权行为的性质和情节等因素，确定给予1万元以上100万元以下的赔偿。

也就是说，专利侵权赔偿数额的计算是按照实际损失多少赔多少的原则计算的。然而，且不论获得和维持一项高质量专利所付出的高昂成本，调查侵权行为本身就需要专利权人花费大量的人力、财力。而要获得侵权人的全部侵权收益或专利权人的全部侵权损失的证据又是难上加难。加上侵权人还会通过无

❶ 2008年第三次修改的《专利法》第65条。

❷ 2015年修改的《最高人民法院关于审理专利纠纷案件适用法律问题的若干规定》（注释〔2015〕4号），第20条。

效等手段拖延时间并加大维权成本，使得专利权人很难通过侵权赔偿充分弥补所受到的损失及所付出的成本。

例如，中南财经政法大学知识产权研究中心的研究表明，自 2008 年以来的专利权侵权案件中，法定赔偿的平均赔偿额只有 8 万元，通常只占到起诉人诉求额的 1/3 甚至更低。[1]

与之相比，据统计，1995～2001 年，美国专利侵权赔偿平均每笔是 500 万美元，而 2001～2009 年，专利侵权赔偿平均每笔是 800 万美元[2]。

四、通过综合改革解决供给侧问题的建议

因此，对于专利代理行业的供给侧结构性改革，优化外部环境是进一步提升专利代理行业的服务质量、服务层次、竞争力的必不可少的重要方面。

第一，除了在国家层面暂时继续执行申请费用减缓政策以外，其他地方政府对于专利申请的直接经济资助政策及税收优惠政策可逐步停止，大学和研究机构将发明专利授权与评奖、评职称挂钩的政策可逐步取消，使得专利申请真正以市场为导向，通过市场提高技术质量、专利质量和专利代理服务质量。这样一方面可减少“政策性申请”对于专利代理行业的市场及服务质量、专利审查乃至知识产权战略制定的影响；另一方面也可使得具有市场前景的技术能够不受这些“政策性申请”的裹挟而获得高质量的专利保护，真正从市场获得超额利润。

虽然“政策性申请”的减少可能会暂时影响专利申请总量，但会减少政府、企事业单位、专利代理行业、专利审查等资源的无谓浪费，提升专利申请的质量，促进专利代理行业整体服务质量的提升，同时也会促进专利审查质量的提升。而且，专利获利回归市场，回到专利制度设立的初衷，会使得专利实施、无效、诉讼方面的服务需求大增，促进专利服务领域的扩展和结构升级，进一步提升专利代理行业的含金量，扩大高附加值的市场，彻底改变专利代理服务主要拼新申请数量的竞争状况。同时，以市场利益保证专利技术研发、申请的投入，能够从根本上提升大众对于专利制度的理解度和信心，促进更多具有市场竞争力的技术研发和申请，最终能够在提升申请质量的情况下促进申请

---

[1] 张维. 97%专利侵权案判决采取法定赔偿［EB/OL］.［2013－04－16］. http：//www.chinacourt.org/article/detail/2013/04/id/948027.shtml.

[2] 朱伟. 跨国时代的专利之战［J］. 世界博览，2011（18）：59－59.

数量的进一步提升，真正增强我国技术创新实力和专利代理行业的国际竞争力。

第二，在实现了专利申请以市场为导向的政策以后，国家层面的申请费用减缓政策也可考虑适时退出。对于经济确有困难的申请人，政府可借鉴助学贷款政策，对符合条件的申请人发放长期贴息贷款，以暂时支付申请费用和专利代理费用。

如上所述，申请专利实质上是一种商业经营行为，那么这种经营风险自然也应当由经营者承担。当然，专利制度是建立创新性国家的重要保障，专利技术在某种程度上也为社会作出了贡献。但政府的责任应该是维护市场秩序，确保专利制度的真正实施和市场收益对于专利投入的充分补偿，以实现通过市场激励创新的本来目的。而市场回报、成本因素乃至贷款的经济压力，正是促使申请人关注市场，制定合理的申请规划，追求高质量专利代理服务，乃至想方设法尽快实施的动力。

对于市场经验不足、实施能力不高的申请人，专利代理机构可促成其与相关企业的合作，通过授权、转让等方式使其尽快借助企业从市场获得收益。这也能为专利代理机构拓展服务领域带来更为广阔的市场。

第三，对于向国外申请的奖励、补助政策也应逐步停止。虽然向国外申请的各项成本都远高于国内，但授权后的实施、诉讼难度更是远远高于国内，所需要的坚实的资金实力、市场资源、法律经验不可能通过奖励、补助政策来解决。

如上所述，授权专利是构建技术垄断或壁垒的许可，并不是证明技术水平和学术水平的获奖证书。如果申请人没有在国际市场的实施能力和意愿，甚至连申请费用都需要补贴，很难想象能获得高质量的国外专利，并在要求远高于国内市场的国际市场上进行实施以获利。

对于向国外申请暂有资金困难的申请人，同样可以通过足额的政府贴息贷款给予资金支持。但贷款终须要偿还，由此促使申请人有动力寻找包括国外申请、市场开拓、许可、转让、诉讼等诸多领域的高质量的涉外专利代理服务。

第四，政府的补贴、奖励政策逐步退出后，可代之以税收优惠，将申请人对专利的申请、维护、诉讼等各项费用，包括专利代理费用都作为新技术研发成本计入税收扣减，从而对专利的实施提供实质性的鼓励。

另外，企事业单位的专利授权与评奖、评职称脱钩之后，可大幅增加由于职务专利实施而给予发明人的报酬比例，从获利方面鼓励专利申请。

第五，相关的法律法规应进一步配套完善，以确保专利权人能够从市场获得充分的收益，使得侵权赔偿能够充分弥补专利权人的损失和各种成本投入。例如，可考虑在计算赔偿时引入故意侵权的惩罚性赔偿。

只有专利的价值得到充分保证，专利代理行业的价值才能得到充分认可，申请人才有动力付出适当的更高成本追求更高质量的代理服务。

综合性知识产权代理机构在三、四线城市的发展道路初探

蒋海军[*]　胡锋锋[**]　代群群[**]　闫　飞[**]　吴雪健[**]

【摘　要】

三、四线城市产业转型升级的过程中，亟须综合性知识产权代理机构为企业提供全方位的知识产权服务方案。本文主要是针对三、四线城市知识产权代理行业发展存在的问题进行梳理，分析了三、四线城市知识产权代理行业的市场环境、内部管理和服务能力的现状，并就如何提高知识产权代理机构的综合服务能力、建立知识产权代理服务体系等方面作了剖析，就南京知识律师事务所在作为三、四线城市典型代表的马鞍山市的实践探索中的经验进行了总结，阐述了新举措拓展市场、高起点打造团队、共成长健全服务的三大发展理念。将这些理念融合到实际工作中，提升了当地企业的自主创新能力和知识产权意识，促进了当地企业的发展。

【关键词】

知识产权　代理机构　三、四线城市　发展道路

* 作者单位：江苏瑞途律师事务所。

** 作者单位：安徽知问律师事务所。

一、引　　言

在国家实施知识产权战略，推动三、四线城市产业转型升级过程中，如果只注重技术引进，难免会出现“引进—落后—再引进—再落后”的局面。❶ 因此，以专利为代表的知识产权代理行业的重要性日趋凸显。与一、二线城市相比，三、四线城市知识产权的发展相对滞后，这已成为制约三、四线城市实现跨越式发展的主要因素之一。❷ 三、四线城市的创新能力较差、技术人员理论水平不高，需要综合性知识产权代理机构培养和引导企业的技术创新及知识产权保护意识，辅助企业构建知识产权保护体系，为企业的长远发展保驾护航。❸

随着知识产权行业的蓬勃发展，知识产权代理总体上取得了长足的进步。以专利代理行业为例，截至 2016 年 3 月，国家批准设立的专利代理机构 1312 家，执业专利代理人 13106 人。❹ 但是，区域发展严重失衡，❺❻ 其中，北京拥有代理机构 409 家，执业专利代理人 5819 人，❼ 且其他专利代理机构也主要聚集于省会城市，❽❾ 三、四线城市的代理机构数量则相对较少。而且，三、四线城市具备知识产权综合服务能力的代理机构更是少之又少。❿ 所谓的综合性知识产权代理机构是指同时具备处理知识产权申请、知识产权分析和知识产权诉讼等方面综合能力的知识产权法律服务机构。三、四线城市在产业转型升级过程中，亟须建设一批专业、高效的综合性知识产权代理机构，从而推动

---

❶ 黄苏宁. 自主知识产权与西部承接东部梯度产业转移［J］. 中国市场，2008（48）：21－22.

❷ 王正志，袁祥飞. 知识产权对经济增长的贡献——基于北京市和广东省的实证分析［J］. 知识产权，2014（12）：60－64.

❸ 朱海滔. 专利代理人：市场紧缺的“第二发明人”［J］. 发明与创新，2006（10）：26－27.

❹❼ 2016 年 3 月专利代理人执业证发放信息［EB/OL］.（2016－04－06）http://www.acpaa.cn/article/content/201604/3786/1.html.

❺ 吴桐，刘菊芳，马斌，等. 我国知识产权服务业发展现状与对策研究［J］. 中国发明与专利，2012（6）：63－67.

❻ 李娇，朱佳，张占江，等. 我国知识产权服务业发展概述及展望［J］. 中国发明与专利，2015（8）：30.

❽ 龙海飞，文雯，吴小文，等. 贵州省专利代理机构现状与发展对策分析［J］. 中国高新技术企业，2015（34）：100.

❾ 侯廷. 湖南省专利代理机构现状分析与发展探讨［J］. 中国市场，2009（18）：68－70.

❿ 李为，罗永城，梁剑，等. 广西专利代理机构现状分析及发展对策研究［J］. 企业科技与发展：上半月，2013（7）：19－21.

三、四线城市自主创新能力的提升和经济的发展。

二、三、四线城市的知识产权代理行业发展现状

（一）三、四线城市知识产权代理行业的市场环境现状

随着知识产权战略的深入实施，三、四线城市的企业已普遍认识到，在产业转型升级过程中唯有运用知识产权才能对技术创新进行有效保护，并最终实现跨越式发展。但是，三、四线城市的知识产权市场环境存在以下问题。

1. 企业创新能力弱，研发体系不成熟

三、四线城市由于体制、资金、人才、区位等方面的劣势，以及新兴产业相对较少的产业现状，使得企业的研发活跃度明显低于发达城市。具体体现在以下三方面：

（1）三、四线城市，尤其是中西部城市大多缺乏新兴产业聚集汇流，企业主营产品以传统行业为主，产品和技术已进入成熟期和稳定期，其研发强度不如新兴产业，产品和技术的创新空间相对较小；

（2）企业重视有形资产的投入，而忽略研发与知识产权保护等方面的投入，没有形成专业、有效的研发体系，而且企业对“研发”的理解还停留在生产过程中的技术改进方面，无法通过“研发”实现技术突围；

（3）三、四线城市的人才聚集力弱，企业技术人员文化程度较低、理论知识匮乏，使得企业缺乏核心的研发人才。

2. 知识产权意识淡薄，代理市场竞争混乱

三、四线城市对知识产权的认知还处于起步阶段，对于知识产权的保护意识不强，致使多数企业表现为“有制造无创新，有创新无产权，有产权无应用，有应用无保护”。[1] 此外，生产、经营过程中易卷入知识产权纠纷的旋涡，使得企业处于被动的境地。这就需要综合性代理机构，在服务企业过程中普及知识产权产权知识，培育企业的知识产权保护意识。

由于知识产权意识薄弱，三、四线城市的企业往往对于知识产权代理不以质量作为标杆，而以价格作为主要的评判标准。这种现状导致部分代理机构为了抢占市场，而采取“无底线”的价格战，以马鞍山为例，部分知识产权代理机构的实用新型专利代理服务费仅 800～1000 元/件。这种“价格战”使得

---

[1] 蔡正保，张智平. 专利代理机构：企业技术创新的助推器［J］. 中国科技信息，2009（6）：166－167.

市场竞争秩序混乱，严重扰乱了代理行业在三、四线城市的健康发展。与此同时，也使得专利质量得不到有效保证，反过来也严重损害了专利申请人的利益。

（二）三、四线城市知识产权代理机构的内部管理现状

做好知识产权代理机构内部管理，对于代理行业的秩序化、规范化建设具有重要作用，但是，目前三、四线城市的知识产权代理机构内部管理普遍存在以下问题。

1. 专业人才短缺，缺乏完善的培训机制

人才是知识产权代理机构的最大生产力，没有人才就无法提供专业化、系统化的服务。目前，三、四线城市中从事知识产权事业的人才短缺，而且受环境、机会、待遇的影响，人才多向一、二线城市涌流。以马鞍山为例，仅有一所二本以上的院校，且毕业生往往流入上海、南京等一、二线城市或者苏锡常等发达地区，而外地“985”“211”等高校毕业生更不愿意来马鞍山发展，造成本地人才缺乏。高素质人才的缺乏已经成为三、四线城市代理机构所面临的突出问题。

同时，三、四线城市缺乏完善的知识产权培训体系，从业人员难以快速、及时地获取新鲜知识与理念。此外，代理机构内部培训途径单一，缺乏完善的培训机制，以“师徒制”培养代理人为主。这种培养方式直接导致了代理人知识体系不完善、知识结构老化、专业技能提升缓慢。

2. 岗位分工不明确，流程管理不健全

俗话说“麻雀虽小，五脏俱全”，作为一个知识产权代理机构，一般至少需要配备专利部、流程部、财务部和综合部等部门，而三、四线城市的知识产权代理机构因为人员不足，导致人员身兼数职，岗位分工不明确，不仅工作效率降低，而且出现问题后责任划分困难，推诿严重，容易滋生内部矛盾。

此外，由于业务量的限制，三、四线城市的代理机构规模较小，如在马鞍山设立办公场所的代理机构一般代理人数量为 3 ~ 10 人。这就造成内部的流程管理往往被忽略，出现“有流程无管理”的局面，使得流程执行随意性大、方向性差，不仅严重影响工作效率，而且使得文件在流程交接过程中容易出现文件丢失和遗漏。流程管理的不健全，使得代理机构不能及时、高效地服务客户。

（三）三、四线城市知识产权代理机构的服务能力现状

1. 代理机构综合服务能力差，无法为企业提供全面服务

如果专利代表技术保护，是企业抢占市场的利器；那么商标代表企业的形象，是树立品牌的基石；而版权更是文化娱乐产业发展与腾飞的破风手。但是，由于三、四线城市的专利业务量一般大于版权和商标的业务量，使得代理机构偏重于服务专利申请业务，缺乏专业团队和人才服务商标及版权业务，造成三者发展失衡，整体表现为三、四线城市知识产权服务综合能力不足。在以专利申请业务为主的服务类型之外，对于申请业务之上的延伸业务如涉外申请、复审与无效、检索与预警、知识产权战略、知识产权诉讼等业务类型的市场需求，也开始慢慢增长。但是三、四线城市的知识产权代理机构明显准备不足，且由于新型业务类型的业务量在三、四线城市尚未形成规模，知识产权代理机构心有余而力不足。

2. 代理人专业化能力欠缺，无法为企业提供准确服务

在三、四线城市，知识产权代理机构的代理人一人往往负责服务的所有环节，包括洽案、签约、撰写、答复和文件交接等，结果是代理人不能把主要精力集中于提升服务品质上，也不利于代理人在业务上发挥特长。

与此同时，代理人常常跨专业服务客户，也存在专业程度不够的问题。在三、四线城市，知识产权专业人才的成长更多的是靠“师徒制”的方式培养，而且代理机构在服务客户时服务质量的把握更多主要是靠人员本身的自觉性、自律性。这就直接导致了服务难以标准化，服务水平参差不齐。但是对于一个企业，知识产权服务的好坏极有可能影响到起整个企业发展的命脉。所以，三、四线城市的知识产权代理机构的服务标准化问题，亟待解决。

三、知识所马鞍山办事处的发展道路探索

马鞍山市是我国中西部的典型三、四线城市，[1] 30 年前被称为“江南一枝花”。2015 年，马鞍山市实现 GDP 1360 亿元，其研发经费支出占 GDP 的比重达2.5%，新认定高新技术企业56 家、高新技术产品262 个。重工业是马鞍山市固有的特质，2015 年占工业比重达到91%，马钢是国内最大的上市公司之一，星马专用汽车产销量和市场占有率居全国第一，泰尔重工、方圆回转支

---

[1] 一二三四线城市最新划分［EB/OL］.（2016－03－08）http：//mt. sohu. com/20160308/n439730920. shtml.

承、科达机电等一批装备制造企业在同行业具有较强的竞争力。[1] 2015 年，马鞍山市专利申请 7960 件、专利授权量 4541 件，其中发明申请 3731 件、发明授权 930 件，万人发明专利拥有量达到 8.94 件。[2]

从马鞍山市知识产权局公布的 2016 年第一季度代理机构授权量排行来看，在马鞍山市开展专利代理的知识产权代理机构主要有 10 家，[3] 其中，注册地在马鞍山的仅 1 家：马鞍山市金桥专利代理有限公司；分支机构在国家知识产权局备案的仅有 2 家：南京知识律师事务所马鞍山办事处、南京经纬专利商标代理有限公司马鞍山办事处。南京知识律师事务所作为综合性知识产权代理机构，在马鞍山进行了诸多方面的探索。在这一过程中，知识所马鞍山办事处（以下简称"办事处"）确定了三大发展理念：新举措拓展市场、高起点打造团队、共成长健全服务。

（一）新举措拓展市场开发模式，保持业务增长原动力

1. "农村包围城市"，打开市场突破口

2011 年办事处成立之初，遇到了严重的案源问题。经过对马鞍山地区的市场进行深入分析，办事处的初创团队发现三、四线城市相对优质的中大型客户主要掌握在本土的专利代理机构手中。小微企业虽然有知识产权需求，却没有受到本土代理机构的重视，使得小微企业的知识产权保护受阻。基于此，办事处选择了"农村包围城市"的市场路线，具体模式是从马鞍山周边区县的乡镇入手（如博望镇刃磨具城），在初步打开专利代理市场，建立一定口碑之后，逐步将业务方向转向马鞍山市的几大核心工业园区（如马鞍山市经济技术开发区、国家级慈湖高新技术产业开发区、雨山工业园区）。

经过办事处 5 年的探索，总结市场开拓模式，主要包括以下两个方面：

（1）市场范围从小微企业向大型企业进攻

三、四线城市的小微企业对知识产权的认知还处于起步阶段，很多企业尚未开展过专利申请。2011 年，针对马鞍山"小微企业"的知识产权认知现状，在业务开展之初为企业灌输知识产权理念，无偿地为"小微企业"提供知识

---

[1] 马鞍山（安徽省地级市）［EB/OL］. http://baike.baidu.com/subview/54782/6083795.htm?fromtitle=%E9%A9%AC%E9%9E%8D%E5%B1%B1%E5%B8%82&fromid=211537&type=syn.

[2] 马鞍山市知识产权局. 关于公布"马鞍山市 2015 年度十件专利大事"评选结果的通知［EB/OL］. http://www.masipo.org.cn/show.aspx?id=7016.

[3] 2016 年马鞍山市第一季度专利排行榜［EB/OL］. 马鞍山市知识产权局. http://www.masipo.org.cn/zlphb/default.aspx?year=2016&season=1.

产权咨询，从而与企业建立初步的信任。在此基础上，为企业提供专利申请、商标注册等服务，从而逐步为企业的创新提供综合的知识产权服务，打开了市场的突破口。2012～2014年，在对“小微企业”提供优质服务的过程中，办事处得到了市场的认可，在客户的推荐下部分有服务需求的“中型企业”开始主动上门寻求知识产权服务。2015～2016年，办事处逐步将客户拓展到“大型企业”，实现了“农村包围城市”。截至目前，办事处共服务企业300余家，其中本地知名客户有马钢（集团）控股有限公司、安徽工业大学、安徽金星钛白（集团）有限公司、大唐集团马鞍山当涂发电有限公司等。

（2）市场业务从基础向高端发展

南京知识律师事务所作为一家专业的知识产权综合服务机构，其马鞍山办事处也立足于为企业提供知识产权服务综合方案。2011年办事处成立之初，马鞍山大部分企业的专利申请尚刚刚起步，专利无效、知识产权维权、分析评议等业务更是鲜有需求。因此，办事处以专利代理—专利法律咨询—知识产权战略服务为主线，在从基础业务向高端业务逐步推进，在企业的服务过程中，树立与企业共同成长的市场培育理念，逐步培育企业，并帮助企业利用知识产权提升核心竞争力。如某粮油企业的外观设计被他人仿冒申请时，办事处通过全面检索，采用专利无效手段给竞争者以沉重打击。同时，战略布局上采用著作权、商标权等一系列手段进行维权；另有某工业紧固配件企业，通过办事处的全国维权手段，有效地提升了市场份额。在业务不断发展的同时，2014年成立了知识所马鞍山分所（与办事处合二为一进行管理），服务面不断扩展。

2. 坚持公平竞争原则，营造良性市场氛围

专利代理机构在服务客户的过程中，必定会遇到各种竞争，部分代理机构通过“降价”的方式来抢占市场，这种低价竞争不仅会折损企业发明创造的价值，而且难以维护一个地区的知识产权行业的健康发展。办事处在开拓市场的过程中以公平竞争为原则，并始终坚持不打价格战、不做没有技术基础的专利申请的底线。从2011年至今，办事处一直保持着统一的实用新型代理服务费1600元/件的定价标准。虽然这是一个艰辛和孤独的过程，但是办事处坚信：市场氛围的构建和企业的知识产权意识的提升，是一个长期而缓慢的过程，需要专利代理人对企业的耐心培育，并通过检索分析引导技术人员，将实践中的宝贵生产经验整理成专利创新点，以知识产权的形式进行保护，并通过知识产权提升企业的核心竞争力。当然，办事处的发展，是基于马鞍山地方政府提供的知识产权行业自由竞争的市场环境，才使得能够发挥团队优势，赢得

了市场认可。

（二）高起点打造核心初创团队，提升流程管理效力

1. 打造学习型初创团队，构建完善培训体制

柳传志曾经说过：“领军人物好比是阿拉伯数字中的1，有了这个1，带上一个0，它就是10，两个0就是100，三个0是1000。”所以初创管理团队的打造是企业发展的基石。知识所马鞍山办事处在成立之初，就确立了要打造“学习型、团结型、竞争型”的核心初创团队，初创团队既是团队的管理者，也是学习的参与者；有了初创管理团队，才有了办事处的蓬勃发展，才有核心的竞争力。办事处经过5年发展，从2011年年初的2个人已经发展到工作人员25名（含马鞍山分所）。

为了弥补人才短缺的问题，办事处制定完善的培训体系，除组织员工参加国家知识产权局、省知识产权局和中华全国专利代理人协会的培训外，还为员工提供国际交流学习的平台，安排员工赴德国BOEHMERT & BOEHMERT律师事务所进行培训学习。这些培训极大扩展了员工的专业技能与知识层次，每次培训完毕之后，参与人员再进行梳理、整合并为办事处内部做交流报告。此外，办事处对新人采取初创管理团队成员负责制，并且在每周五下午开展系统性的内部培训活动，为每个代理人提供讲课的机会，从而构建学习型组织，形成集体学习、持续学习氛围。据统计，办事处仅在2015年就开展培训43次。在完善的培训体系的保证下，在2015年全国专利代理人资格考试中，办事处有9人通过考试，占了马鞍山当年通过总数的81.8%，其中一名员工实务成绩143分，居安徽省实务考试单科成绩第一。

2. 构建流程管理体制，提升业务管理效率

知识产权代理是一个长流程的高新技术服务行业，既要求服务的效率和及时，又要求准确和质量。在此过程中办事处以客户为中心，将流程与绩效指标进行挂钩；从流程到绩效，再由绩效反馈到流程，形成一个闭环，反复实施，不断地改进和优化，形成了书面化、制度化和标准化的流程。[1] 如客户管理过程中建立客户跟踪服务档案，记录有关客户的所有相关资料，便于查阅客户信息及服务情况。在交接文件过程中严格按规定格式制作交接清单，并由专人送

---

[1] 余刚，杨新华. 专利代理机构流程管理浅析［G］//中华全国专利代理人协会. 实施国家知识产权战略，促进专利代理行业发展——2010年中华全国专利代理人协会年会暨首届知识产权论坛论文集. 中华全国专利代理人协会，2010.

交当事人签字留存，做到有据可查、责任到人，从而做到文件准确、无误地交接。此外，办事处还建立了立案方式、时限管理、外发信函和案卷的管理等标准化流程。服务流程规范标准化，使得服务过程中有章可依，运作过程的步骤趋于流畅和简单，并在各种情况下都能保证按照既有流程提供专业化和标准化服务，在提升服务效率的同时，也确保了准确性和专业性。

（三）共成长健全综合服务体系，开发高端市场潜力

在服务方面，面对上文提到的问题，南京知识律师事务所在马鞍山市摸索出了适宜的服务模式，专利代理量于2015年跃居当地知识产权代理机构的第一位。据马鞍山市知识产权局数据统计，马鞍山市2015年度代理机构授权总量排行中，办事处的授权总量位于第一位。[1] 总结服务模式，主要有以下几个方面。

1. 服务客户从零开始，伴随企业共同成长

面对马鞍山市的市场环境，办事处将服务定位为："慢而稳，与客户建立深度信任，伴随企业成长。"面对大量对于知识产权的了解处于空白状态的企业，办事处放弃了揠苗助长，妄图客户对于知识产权的认识一步到位的心态，也放弃了"挑三拣四"抛弃作坊式小微型企业客户而单单青睐中大型客户的理念。办事处认识到，在马鞍山的发展必须依托于中小型企业，起步阶段必须放慢节奏，长期培育，春风化雨般地为这些空白企业打开知识产权的大门。与此同时带来的效果是，企业对知识所马鞍山办事处的工作高度认可和信任。

2. 精钻知识产权基础服务，拓展知识产权高端市场

办事处的单件专利的平均工作量是同行的2～3倍，而平均每家企业客户的专利产生量仅为3～5件，为完成一件符合事务所内部标准的专利申请文件，专利代理人平均1件专利申请文件修改3～5次，与客户当面沟通2～3次。这必然导致的问题是单件专利成本高、工时长。艰辛的努力为客户提供了保护范围恰当、授权率高的专利服务。但是，却使得办事处利润率较低，仅人员平时工资就占成本的50%以上。当时的办事处面临两种选择：第一，降低质量，追求数量，提高利润；第二，严把质量关，追求长远发展。最终，办事处的初创团队选择了后者。具体的服务策略是：不追求短期内基础业务的利润点，着眼于长远发展，通过基础业务与企业群体建立深度信任，借助基础业务作为平

---

[1] 马鞍山市知识产权局. 2015年马鞍山市全年专利排行榜［EB/OL］. http://www.masipo.org.cn/zlphb2015/.

台，带动延伸业务市场。基于这一理念，马鞍山办事处取得了一定的成绩：专利代理量从2011年的百余件，增长到2015年的1453件（见图1）；知识所马鞍山办事处发明专利结案授权率为91%。❶

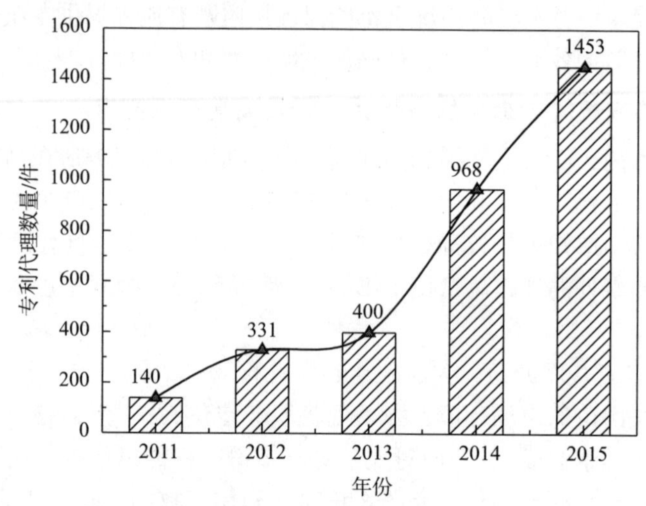

图1　2011～2015年办事处的专利代理业务量

3. 心怀社会责任，普及知识产权意识

不管是知识产权代理机构还是企业，谋求利润是首要解决的问题，但是却又不仅仅如此。面对混乱、低价竞争的市场，在发展的同时，更需心怀社会责任。办事处在三、四线城市发展，不能选择市场，只能培育市场，并随着服务的客户一起成长。在提供专业化服务的同时，办事处为马鞍山的各级政府、企业、高校、科研院所开展了百余场知识产权培训及主题讲座，内容涉及专利挖掘、专利申请、商标申请、著作权登记、知识产权综合保护方案探索、专利分析评议等方面，听众达10000余人次，并于2015年7月成为“安徽工业大学大学生社会实践基地”。

四、结论与展望

（1）由于目前三、四线城市知识产权代理行业的市场环境、内部管理和

❶ 南京知识律师事务所马鞍山办事处地域分析［EB/OL］.（2016－03－30）http：//www.izhiliao.com.cn/.

服务能力的不足，针对马鞍山市的实践探索进行经验总结，阐述了新举措拓展市场、高起点打造团队、共成长健全服务的三大发展理念，经过5年的努力与拼搏，办事处现服务企业300余家，2015年度办事处的授权总量位居全市代理机构第一，为企业提供知识产权诉讼服务101件，从而积极地提升了当地企业的自主创新能力和知识产权意识，也为当地工业经济倍增计划的顺利实施贡献了一份力量；但这与期望的目标还有一定的差距，这些都将激励办事处继续探索发展道路，不断提高自身能力，更好地为当地企业服务。

（2）随着经济全球化的到来和三、四线城市的产业转型升级，三、四线城市对专利复审无效、专利分析评议、知识产权诉讼及涉外知识产权服务的需求逐步增加，三、四线知识产权代理机构不仅需要不断提高知识产权延伸业务的专业化服务水平，更要具有国际视野和国际服务水准，从而为企业进行知识产权战略布局、商业秘密保护和知识产权维权提供保障。

第二部分

专利申请审查、代理业务

一个专利代理人对我国实用新型制度的思考

黄纶伟*　邓　毅*

【摘　要】

笔者从自己的专利代理经验出发，对我国的实用新型制度进行了思考，认为我国的实用新型制度存在两方面的问题。第一是保护客体的范围过于狭窄，与经济技术的发展水平不相适应。第二是对于实用新型专利权的行使没有足够的制约，目前的评价报告制度也存在诸多问题，可能导致过多的权利滥用，对正常的社会经济秩序造成影响。笔者提出了将实用新型的保护客体扩大为所有产品权利要求，并对实用新型建立后置审查制度的设想。也即把目前的评价报告程序改成实质审查程序，任何人都可以针对实用新型专利向国家知识产权局请求实质审查以确认该实用新型专利的有效性，在审查中，给予专利权人听证的机会。经过这样的实质审查程序而得到的实用新型专利有效性的审查结果的可靠性将显著高于现行的评价报告。这样，既可以使各个领域的技术平等地享受实用新型制度下快速便捷地取得专利权的好处，又可以对实用新型专利的行使进行必要的制约，避免权利滥用。

【关键词】

实用新型　保护客体　评价报告　后置审查

* 作者单位：北京三友知识产权代理有限公司。

一、引　言

我国自1985年建立专利制度起，专利申请量一路增长，特别是自《国家知识产权战略纲要》颁布以来，更是突飞猛进。从2011年开始，中国的年专利申请量便稳居世界第一。

其中有一个比较有特色的现象是，在中国的专利申请中，实用新型申请一直占据相当大的比例。虽然近年来中国的实用新型申请所占比例在逐年下降，但是仍占很大的比例。

世界上的主要知识产权大国中，除了美国以外都有实用新型制度。但是，别国的申请人对于实用新型的热情并没有中国申请人那么高。数据显示，2000年，中国实用新型专利申请量占全世界实用新型申请总量的42%。随着中国实用新型专利申请量的大幅增长，到2010年，中国实用新型专利申请量已占全世界实用新型申请总量的83%。[1] 从上可看出，中国申请人对实用新型似乎情有独钟。

不可否认的是，实用新型制度对促进中国专利制度的稳步推行和发展，促进中国经济发展和科技进步，起到了重要的作用。不过，笔者从多年的专利代理工作出发，对我国的实用新型制度进行了一些思考，认为我国的实用新型制度存在一些问题，有值得改善的地方。

二、我国实用新型制度存在的问题

（一）保护客体范围过窄

首先，笔者认为中国实用新型专利的保护客体范围受到了太多的限制。

《专利法》第2条第3款规定：“实用新型，是指对产品的形状、构造或者其结合所提出的适于实用的新的技术方案。”《专利审查指南2010》第一部分第二章中也有规定：“实用新型专利只保护产品。所述产品应当是经过产业方法制造的，有确定形状、构造且占据一定空间的实体”，“一项发明创造可能既包括对产品形状、构造的改进，也包括对生产该产品的专用方法、工艺或构成该产品的材料本身等方面的改进。但是实用新型专利仅保护针对产品形状、构造提出的改进技术方案”，等等。

---

[1] 中国国家知识产权局．中国实用新型专利制度发展状况［EB/OL］．［2012－12－21］．

例如笔者在工作中，见过不少的实用新型专利申请，因为技术方案涉及控制逻辑的改进，权利要求中不可避免地包含了功能性限定，导致收到了审查意见通知书，指出相关功能的实现依赖于计算机程序，是对计算机软件本身提出的改进，因此，相关的权利要求中既包含现状、构造特征，又包含对方法本身提出的改进，因而不属于《专利法》第 2 条第 3 款所规定的实用新型保护客体。除了上述这样的涉及功能性限定的权利要求之外，例如在实用新型的技术方案涉及材料的成分、性质等改进的情况下，也会被认为不属于实用新型专利的保护客体。

上述这样的关于实用新型保护客体的审查标准或许源自最初实用新型制度的设立初衷，即实用新型针对的是所谓“小发明”。在那时，所谓的“小发明”可能仅仅涉及机械结构的改进。不过，从最初设立实用新型制度至今，科学技术已经经过了一二百年的发展，关于“小发明”的定义或许也需要与时俱进了。

任何法律制度都需要与本国的社会经济情况相适应。与国情相适应的实用新型制度可以对经济产业和科学技术的发展起到重要的推进作用。事实上，虽然我国《专利法》中对实用新型的定义一直没有变化，但是在审查实践中，实用新型的保护客体范围也经历了逐渐扩大的过程。就上面提及的涉及功能性限定的权利要求而言，目前的审查标准是，如果该功能性限定所涉及的功能及其实现方式是现有技术中公知的，则属于实用新型的保护客体，反之就不属于保护客体。

但是，笔者认为这样的审查尺度还是不够宽松，不完全适应当前的技术发展。发明所属的技术种类不可计数，仅涉及形状/构造的只是其中一小部分而已。随着科学技术的不断进步，机电一体化早已成为趋势。大量的发明相对于现有技术的改进之处不在于具体的硬件结构或者部件之间的连接关系，而在于“控制逻辑”。这样的发明仅仅因为其技术属性而天然地被排除在实用新型的保护客体之外，这未尝不是一种“不公平”，有落后于时代之嫌。

另外，实用新型的最大优势在于快速获得专利权，这在电子信息技术的更新换代非常迅速的当今尤为关键。但是，对于发明专利而言，审查周期大概要 3 年，而往往在 3 年期间，技术可能已经发展至该申请的技术已经过时，失去了专利保护的实际意义。也就是说，对于这样的技术非常希望在短时间内获得专利权。但是，往往是对快速获得专利权的需求最强烈的技术不能得到实用新型的保护。这使得其部分地失去了实用新型制度的意义，也一定程度上影响了申请专利的积极性。

另外，在审查实践中也有问题。即对于实用新型申请只实施初步审查而不进行检索，在这样的前提下，审查员又如何判断某个功能性限定所涉及的功能及其实现方式是否是已知的呢？所以现实中是只要权利要求里出现了功能性限定，审查员往往就指出不属于实用新型的保护客体，此时就需要申请人来证明该功能性限定所涉及的功能及其实现方式是公知的。这加重了申请人的负担，也导致审查过程被拖长，甚至有的时候申请人难以取得证据来证明。以上举例说明了功能性限定，而在权利要求中包含了材料特征的情况下，情况也是类似。就材料特征而言，目前的审查标准是，如果该材料是现有技术中公知的，则属于实用新型的保护客体，反之就不属于保护客体。同样，审查员如何在未进行检索的情况下判断某个材料是否公知也是个问题。现实中只要权利要求里出现了并非显然是公知材料的材料特征，哪怕是两种公知材料的简单组合，审查员也会指出不属于实用新型的保护客体，此时就需要申请人来证明该材料是公知的。与上面的功能性限定同样，这也加重了申请人的负担，也导致审查过程被拖长，而且通常申请人难以取得证据来证明。

（二）实用新型专利权的行使缺少适当的制约

笔者认为我国的实用新型制度所存在的第二个问题是，对于实用新型专利权的行使缺少适当的制约。

实用新型毕竟是没有经过实质审查，权利的稳定性不高。特别是我国实用新型的数量那么庞大，比例如此之高，更难免有鱼目混珠的问题。

在理想的状态下，假设被授予的每个专利权都符合专利授权标准，则公众无须怀疑专利权的合法性。在这样的理想状态下，一旦专利权被授予之后，公众都须尊重专利权并以专利的权利要求为界限来进行活动以避免侵犯专利权。但是现实中不可能达到这样的理想状态，连经过了实质审查的发明专利都达不到，更何况是没有经过实质审查的实用新型专利。事实上，实用新型专利因为没有经过实质审查，即便在被授权后，其有效性也是处于不确定的状态。

但是，我国对实用新型专利权的行使并没有太多制约，在这种情况下，难免会出现一些滥用权利的现象。例如，不排除有部分的实用新型专利权人无视自己的专利权是否真的符合授权标准而盲目地发起侵权诉讼，如果赢了当然好，如果被诉侵权方提起无效，最终实用新型专利权被无效掉了，反正也没有什么损失。这样的滥诉无疑会破坏正常的社会经济秩序，也导致行政资源的浪费，增加了社会总体的运行成本。

虽然对于实用新型专利有着评价报告制度。《专利法》第61条中规定了，专利侵权纠纷涉及实用新型专利或者外观设计专利的，人民法院或者管理专利工作的部门可以要求专利权人或者利害关系人出具由国务院专利行政部门对相关实用新型或者外观设计进行检索、分析和评价后作出的专利权评价报告，作为审理、处理专利侵权纠纷的证据。但是，这个评价报告制度仍存在一些问题，例如：

1. 法律地位不明确

实用新型评价报告不是行政决定，只能作为处理专利侵权纠纷的证据。但是在实践中，根据最高人民法院的司法解释，实用新型评价报告的结论可以影响到法官是否作出中止审理的决定。如果评价报告的结论没有否定实用新型专利的有效性，则法官可以不中止审理，即便被告提出了无效宣告请求。在实际情况中，出于结案压力等的原因，法院也确实倾向于不中止审理。如此就可能出现这样的情况：在法院基于评价报告以实用新型专利有效为前提作出了判决之后，该实用新型专利又被专利复审委员会宣告无效。特别是，实用新型评价报告是在没有听证的情况下作出的，可以认为这是一个初步的结论。这使得上述的矛盾情况更多，导致行政资源浪费和对正常社会经济秩序的扰动。

2. 只有专利权人或者利害关系人可以请求

《专利法》中规定了只有专利权人或者利害关系人可以请求国家知识产权局对相关实用新型作出评价报告，而他人是无权请求的。这样的安排也有弊端。例如，某个第三方注意到有一个授权的实用新型专利，他希望避免侵犯该实用新型专利权，同时他也清楚实用新型专利没有经过实质审查，因此该实用新型专利权未必是稳定的。这种情况下，负责任的做法是去确认该实用新型专利的有效性。但是，在目前的制度下，该第三方并不能请求国家知识产权局出具评价报告，无从确认该实用新型专利的有效性。这一定程度上也对正常的社会经济秩序造成了困扰。

3. 结论的可靠性不够高

实用新型评价报告是在没有其他方参与的情况下由国家知识产权局单方作出的，并没有与专利权人或者第三方进行任何意见交换。可以说，实用新型评价报告有点类似于发明专利申请的实审程序中的第一次审查意见通知书。连发明专利这样经过了有听证的实质审查而得到的审查结果都不排除有错误，更何况评价报告这种没有经过意见交换而形成的结果。可想而知，实用新型评价报告的可靠性肯定有不少的问题。例如，如果评价报告是对专利权人不利的结果，因为评价报告不是行政决定，专利权人甚至都没有救济的机会。而如果评价报告是对被诉侵权方不利的结果，则被诉侵权方只能提起无效宣告。但如上所述，这种情况下法院倾向于不中止审理，从而导致上述的法院判决与无效决定矛盾的情况。

由于现行的评价报告制度存在上述这样的问题，导致不能对实用新型专利权的行使构成恰当的制约。

三、笔者的设想

考虑到上述两方面的问题，即一方面实用新型的保护客体范围受到过多限制，另一方面对于实用新型专利权的行使又缺少恰当的制约，笔者提出如下的设想。

首先，放宽实用新型保护客体的范围，除了不保护方法之外，使实用新型的保护客体的范围与发明专利一致。这样，使各个领域的技术都能享受到实用新型快速便捷授权的好处，既适应了社会经济和科学技术的发展，又能简化审查程序。

其次，把现行的评价报告制度修改为“后置审查”制度。

所谓“后置审查”，是与发明专利申请的“前置审查”相对的概念。对于发明专利申请，是在授权之前进行实质审查，审查合格才授予专利权，所以这里称之为“前置审查”。而作为与其相对的概念“后置审查”，是指在实用新型授权之后，为了确认实用新型专利权的有效性而进行的实质审查。

与现行的评价报告制度不同的是，在该“后置审查”的设想中，可以由任何人请求国家知识产权局针对实用新型专利启动实质审查程序以确认该实用新型专利的有效性。当然，可以料想到一般是在该实用新型专利将要与社会发生关系时才会被请求启动审查，例如，专利权人想要指控他人侵犯专利权时，或者将要发生专利许可或者转让时，或者他人为避免发生侵权而欲确认该实用新型专利的有效性时等。

在该后置审查程序被启动之后，审查员将对实用新型进行全面的审查，所审查的内容包括《专利法实施细则》第 65 条中规定的内容。在进行审查之后，先由国家知识产权局发出审查意见通知书，给予专利权人充分的听证机会，允许专利权人陈述意见并提交证据，并且允许专利权人对实用新型专利的权利要求进行修改。在笔者的设想中，关于允许的修改方式，等同于无效程序中的允许修改方式。而且，类似于《专利法实施细则》第 48 条中规定的公众意见，还允许第三方提交有关实用新型专利的意见并提交相关的证据。在经过充分的听证之后，由国家知识产权局作出该实用新型专利的全部或者部分权利要求是否有效的审查决定。

因为这个后置审查程序经过了充分的听证，因此其可靠性比现行的由国家知识产权局在未经听证的情况下作出的评价报告要高。这样，对于经过后置审查程序确定了的有效的实用新型专利或其权利要求，应该给予充分的尊重，就像尊重发明专利权一样。

例如，要求实用新型专利权人在提起专利侵权诉讼之前，要先针对相关的实用新型启动该后置审查程序，法院在实用新型专利权的有效性得到了确认之后再进行审理。在审查结果表明相关的权利要求有效的情况下，即便被诉侵权人针对该审查结果启动了后续行政程序，法院也无须中止审理。

简而言之，该“后置审查”的设想有3个要点：（1）该审查是为了确定实用新型专利的有效性；（2）任何人都可以请求启动实质审查；（3）审查中给予各方听证的机会。

在这样“后置审查”的制度下，实质上对实用新型专利权人的权利行使形成了制约，因为任何权利行使，包括专利侵权查处、诉讼、专利转让或许可等，前提条件都是需要先确定专利权的有效性。只有在通过该后置审查确定为实用新型专利有效的情况下，专利权人才能够行使权利，而在被确定为无效的情况下，结果就是该实用新型专利不存在，自然无法行使权利。这样能够避免实用新型专利权人盲目地发起侵权诉讼，也能避免第三方受到不应有的损失。而法院是在实用新型专利的有效性得到了确认之后进行审理，所以能最大限度地避免上述那样的法院判决与后来专利复审委员会的无效结果矛盾的情况。

因为任何人都可以启动该后置审查程序，这使得善意的第三方能够及时确认实用新型专利的有效性。例如，在某个第三方发现自己将要实施的技术落入某个实用新型专利权的权利范围内的情况下，他将有机会及时确定该实用新型专利权的有效性。在通过后置审查确认了该实用新型专利有效的话，能够及时调整技术方向以避免侵权，或者可以及时与专利权人协商许可转让事宜。而如果确认了该实用新型专利无效，则可以放心地继续实施自己的技术。

四、结　　语

扩大实用新型的保护客体范围，使实用新型的由“登记制”带来的能够迅速得到专利权的好处惠及所有的技术领域。同时，考虑到由“登记”而来的实用新型专利权的有效性并没有得到确认，需要对实用新型专利的行使进行一定的制约，也就是要求在实用新型专利权的行使之前，需要先行确认专利权的有效性。这样，能够在维持实用新型专利权的时效性与防止实用新型专利权的滥用之间保持平衡，从而促进实用新型专利制度的健康发展。

从专利权无效看专利撰写质量对专利权稳定性的影响

黄　莹*

【摘　要】

本文引入社会热点专利权纠纷案分析专利权稳定的重要性，从高质量专利申请的特点出发，结合专利权无效案例，论述专利撰写质量对专利权稳定性的影响，最后，从企业、审查员以及专利代理人多角度阐述如何获得权利稳定的高质量专利权。

【关键词】

专利无效　高质量专利　专利权　稳定

一、引　言

随着世界经济一体化的发展，科技创新已然成为衡量企业竞争力和企业发展水平的一项重要指标，企业想要在竞争激烈的市场中得到生存和发展，必须不断创新和突破，以新的技术和产品占据市场。为了捍卫自身的新技术和新产

* 作者单位：中国专利保护协会。

品，企业已经逐渐认识到知识产权对科技创新成果的有力保障，也越来越重视创新成果的专利申请和专利权保护。根据国家知识产权局发布的2015年我国专利申请相关数据：2015年全年，国家知识产权局共受理发明专利申请110.2万件，同比增长18.7%，连续5年位居世界首位；共授权发明专利35.9万件，其中，国内发明专利授权26.3万件，比2014年增长了10万件，同比增长61.9%；全国专利行政执法办案总量35844件，同比增长46.4%，其中，专利纠纷办案14607件（包括专利侵权纠纷办案14202件），同比增长77.7%，查处假冒专利案件21237件，同比增长30.6%，专利复审委员会共受理无效宣告请求3724件，无效宣告请求结案3652件。可见，近年来，我国的专利申请数量、专利授权数量以及专利保有量总体上呈大幅度增长的趋势；但是，国内专利的维持时间相对较短，专利权的稳定性较差，专利侵权及无效案件越来越多，知识产权纠纷已呈高发态势。通过以上数据分析可以发现，与专利数量迅猛增长不匹配的是我国专利质量提高的滞后。然而，对于企业经济发展来说，不仅需要专利权来保障自主研发的创新科技产品，更需要高质量的、稳定的、能抵抗住侵权、无效等专利纠纷的专利权。

近期，一件专利权纠纷案件受到了全世界的广泛关注，即苹果公司滑动解锁专利权的无效。苹果公司和三星公司是当今全球手机市场占有量位居前两名的两大企业，多年来苹果和三星两家企业一直在移动设备技术专利上竞争不断。关于苹果公司的滑动解锁专利，在2014年，美国加州圣何塞的一个法庭陪审团裁定，三星设备的部分功能包括滑动解锁和“快捷链接”等侵犯了苹果的专利，需赔偿苹果1.196亿美元。而2016年年初，美国联邦巡回上诉法院推翻该裁决，并判定苹果的滑动解锁等专利无效。2016年12月三星在另一起专利案中向苹果支付了5.482亿美元赔偿，但是同时三星也向美国联邦最高法院提出上诉。不仅是苹果和三星两大移动设备巨头之间存在复杂的专利纠纷，纵观近年来越来越多的侵权诉讼案件，当专利权人因被告人侵犯其权利而提起诉讼时，被告往往会将宣告专利权无效作为与专利权人进行抗衡的“武器”，而最终使得专利权人丧失其原有的专利权，蒙受巨大的经济损失。可见，科技和产品所获的专利是否是一件高质量的专利、其专利权是否稳定，这对于企业来说，不仅关于产品的独占性、市场的占有率、巨额的经济利润，甚至关乎企业的生死存亡。

二、高质量专利申请的特点

关于专利质量的评价体系及指标，国内外学者已经进行了大量研究。❶❷ 美国专利商标局对高质量专利的定义为：（1）能够在法庭上实施，并且始终经受得住对其有效性的质询；（2）能够可靠地用作技术传递工具；（3）通过形成专有应用而加强私有权，并且因此能更好地预知价值；（4）阐明别人在不侵权的情况下可以接近保护的发明的程度。我国国家知识产权局没有对专利审查质量给出明确的定义，只是通过建立审查质量评价体系的方法来定义衡量专利审查质量。❸ 有研究人员认为，高质量的专利应该具有较高的技术价值、高的专利权稳定性、大的保护范围以及市场价值；而专利权的稳定性是评判专利质量高低的一项重要因素，专利的稳定性与专利质量之间存在正相关关系，在授权后流程中越难以被无效掉的专利其稳定性也越高，稳定性越高，其专利质量也越高。❹

根据《专利法》第 59 条第 1 款规定："发明或者实用新型专利权的保护范围以其权利要求的内容为准，说明书及附图可以用于解释权利要求的内容。"《最高人民法院关于审理侵犯专利权纠纷案件应用法律若干问题的解释》（法释〔2009〕21 号）（以下简称《侵犯专利权司法解释》）第 7 条规定："人民法院判定被诉侵权技术方案是否落入专利权的保护范围，应当审查权利人主张的权利要求所记载的全部技术特征。"依据《专利法》第 59 条第 1 款以及《侵犯专利权司法解释》第 7 条的规定，专利权的保护范围是由权利要求的内容确定的，具体来说，是由权利要求中记载的所有技术特征来确定的。合格的专利申请不仅能够经受审查阶段的考验，还要经得起复审、无效、侵权判定程序的检验。一项高质量专利申请，除了专利技术本身应当具有新颖性、创造性和实用性之外，说明书是否公开充分、权利要求是否能够得到说明书的支持等指标方面也均应与法定授权标准相符合。也就是说，即便技术方案本身已具有授权前景，权利要求书和说明书的撰写质量也会影响专利权的获得，即便是已经授权的专利，其撰写质量也会直接影响专利权的稳定性。

❶ 万小丽. 专利质量指标研究［D］. 武汉：华中科技大学，2009.

❷ 李春燕，石荣. 专利质量指标评价探索［J］. 现代情报，2008（2）.

❸ 吕利强. 试论提高专利审查质量的策略与方法［D］. 北京：中国政法大学，2011.

❹ 韩福桂，佟振霞. 高质量专利的成长之路——源于发明人、专利代理人和审查部门的多方合力［J］. 中国发明与专利，2016.

三、专利申请的撰写质量对专利权稳定性的影响

（一）权利要求得不到说明书的支持

《专利法》第 26 条第 4 款规定："权利要求书应当以说明书为依据，清楚、简要地限定要求专利保护的范围。"《专利法实施细则》第 19 条第 1 款规定："权利要求书应当记载发明或者实用新型的技术特征。"《专利审查指南 2010》第二部分第二章第 3.2.1 节规定："权利要求书应当以说明书为依据，是指权利要求应当得到说明书的支持。权利要求书中的每一项权利要求所要求保护的技术方案应当是所属技术领域的技术人员能够从说明书充分公开的内容中得到或概括得出的技术方案，并且不得超出说明书公开的范围。"权利要求得不到说明书的支持可以作为专利无效的理由，如果已授权的权利要求存在上述问题，则容易在专利纠纷中被宣告无效。1991 年 1 月 9 日，王永光就"全密封自动多功能电烹锅"向国家知识产权局申请发明专利，于 1993 年 6 月 23 日获得授权，专利号为 ZL91100026.7。针对该专利，广东容声电器股份有限公司、北京利仁科技有限责任公司、佛山天伦电器有限公司 3 家厂商于 2005 年 8 月至 11 月分别向专利复审委员会提出无效宣告请求。2006 年 10 月 12 日，专利复审委员会作出第 8713 号无效宣告请求审查决定，认定：涉案专利权利要求 1 要求保护了一种 a 部分所记载的各部件连接关系与"桶"式结构相结合的技术方案，其与说明书文字、附图所公开的"桶"式结构的技术方案不符，本领域技术人员不能从说明书充分公开的内容中得到或概括得出权利要求 1 要求保护的技术方案，因此，权利要求 1 中 a 部分所记载的各部件连接关系适用于"桶"式结构的技术方案超出了说明书公开的范围，得不到说明书的支持。其从属权利要求 2 ~ 7 要求保护的"桶"式结构的技术方案与说明书文字、附图 2 公开的"桶"式结构的技术方案也不符合，因此也得不到说明书的支持。由此可见，涉案专利授权文本权利要求 1 ~ 7 中涉及桶式结构的技术方案均得不到说明书的支持，不符合《专利法》第 26 条第 4 款的规定。据此，专利复审委员会以不符合《专利法》第 26 条第 4 款为由，宣布权利要求中涉及桶式结构技术方案的部分无效。

从上述无效案例可以看出，虽然权利要求可以以说明书中记载的技术方案为依据进行合理的概括，但该概括必须是本领域技术人员可从说明书中直接记载的技术方案或根据说明书文字记载的内容和说明书附图能够直接地、毫无疑义地确定的技术方案。也就是说，权利要求在表述形式上和在实质上都应当得

到说明书的支持，否则会因得不到说明书的支持而造成原本能够获得保护的技术方案无法得到授权。即便是对于已经获得专利权的发明专利，若其权利要求的撰写得不到说明书的支持，这项专利权也是不稳定的，容易被宣告专利权无效，这不仅浪费了各方大量的时间和精力，还给企业带来了经济损失。

（二）权利要求不清楚

《专利法》第三次修改时，将《专利法实施细则》第 20 条第 1 款的内容“权利要求应当清楚、简要地限定权利要求的保护范围”上升为《专利法》第 26 条第 4 款后半款。权利要求是否清楚，对于确定发明或者实用新型要求保护的范围是极为重要的，也会对权利的稳定性产生直接影响。

申请人胡鑫于 2001 年 8 月 31 日申请了一项名为“泡轻瓷葵花环”的第 01259122. X 号实用新型专利，并于 2002 年 4 月 17 日获得授权，其独立权利要求如下：“1. 一种泡轻瓷葵花环，其特征在于：是采用特殊的葵花形、周圆六边带有多径的几何形状，填料孔之间为加强径；葵花环六边的外缘均有 15mm 的外缘凸体；葵花环填料的块与块之间有 30mm 的定位距离。”2002 年 9 月 27 日，李日政针对该实用新型专利权，以该专利不符合《专利法》第 22 条第 2 款、第 3 款和《专利法实施细则》第 2 条第 2 款、第 20 条第 1 款规定的理由，向专利复审委员会提出无效宣告请求，并附以证据。2003 年 7 月 7 日，合议组就该案件举行了双方参与的口头审理。合议组认为，在权利要求 1 中，对要求保护的泡轻瓷葵花环的描述使用了一些技术含义不清楚的词语，比如，“特殊的葵花形”和“周圆六边”，既不是规范的技术术语，也不是常用的技术术语，本领域技术人员无法确切理解其技术含义，说明书中也没有任何说明和解释，而由说明书所描述的具体实施方式及附图，所属技术领域的技术人员也无法清晰地确定权利要求 1 要求保护的范围。因此，权利要求 1 不符合《专利法实施细则》第 20 条第 1 款（现行《专利法》第 26 条第 4 款）的规定，该专利申请被宣告无效。

根据《专利法》第 26 条第 4 款的规定：“权利要求书应当说明发明或者实用新型的技术特征，清楚、简要地表述请求保护的范围。”这就要求每一项权利要求应当采用对本领域技术人员而言具有确切技术含义的词语来描述发明或者实用新型的技术特征，而不能使用技术含义不确定的词语来描述发明或者实用新型，并应当能够达到所属技术领域的技术人员根据载明的技术特征就能够清晰地确定该权利要求请求保护的范围的目的。否则，权利要求的不清楚会导致要求保护的专利权模糊，专利权稳定性较差，不能够很好地保护自身的权利，且在发生专利侵权纠纷时极易被宣告无效，造成极大的损失。

（三）独立权利要求缺少必要技术特征

《专利法实施细则》第20条第2款规定："独立权利要求应当从整体上反映发明或者实用新型的技术方案，记载解决技术问题的必要技术特征。"该规定包含两个含义，一是独立权利要求必须是一个完整的技术方案；二是还应当包含构成该技术方案的全部必要技术特征。

根据《专利审查指南2010》的相关记载，必要技术特征是指发明或者实用新型为解决其技术问题所不可缺少的技术特征，其总和足以构成发明或者实用新型的技术方案，使之区别于背景技术中所述的其他技术方案。

广州市索源信息技术有限公司获得了一项名为"一种来访自动识别登记装置"的实用新型专利，专利号为ZL200420014898. X。其权利要求1记载如下："1. 一种来访自动识别登记装置，其特征在于：包括呈一体的机壳、计算机处理器、扫描仪、输入部件和显示屏，所述计算机处理器设置在机壳的内部，输入部件和显示器设置在机壳的外表面；所述扫描仪设置在机壳上，并通过相应的接口与计算机处理器连接。"北京列维科技有限公司于2006年1月11日以权利要求1缺乏必要技术特征提出无效请求，认为权利要求1只列举了机壳、计算机处理器、扫描仪、输入部件和显示屏这几个组成部件，没有说明上述各部件之间的连接关系和各部件在所述装置中的作用，缺少了解决技术问题的必要技术特征；然而，专利权人认为各组成部件的连接关系属于本领域的现有技术，不是解决技术问题的必要技术特征，不需记载在权利要求中。合议组最终判定，尽管这些部件的连接关系是现有技术，但是权利要求1仅对这些部件进行简单罗列得到的技术方案根本无法实现该发明要解决的技术问题，这些部件的连接关系是实现自动进行身份识别和来访登记的必不可少的技术特征，不管这些物理连接方式是否是现有的连接方式，都应将其记载在权利要求1当中以构成一个完整的技术方案。最终，本案被宣告无效。[1]

一项独立权利要求应当包含发明所要解决技术问题的不可缺少的必要技术特征，若缺少必要技术特征，权利要求就无法构成完整的技术方案，不能解决发明所要解决的技术问题，不是一项完整的发明。因而，权利要求缺少必要技

---

[1] 苏文．从专利无效角度分析如何提高专利撰写质量［G］//中华全国专利代理人协会．全面提升服务能力 建设知识产权强国——2015年中华全国代理人协会年会第六届知识产权论坛优秀论文集．北京：知识产权出版社，2015：1118－1127.

术特征，其专利权是不稳定的。

（四）说明书公开不充分

《专利法》第26条第3款规定：“说明书应当对发明或者实用新型作出清楚、完整的说明，以所属技术领域的技术人员能够实现为准；……”

张伟相于1999年6月22日提交了名为“多功能狗项圈”的实用新型专利申请，并于2000年6月21日获得授权，专利号为ZL99215524.X。专利复审委员会于2004年9月17日接到宣告该专利权无效的请求，无效理由为不符合《专利法》第26条第3款的规定。该申请的目的在于提供一种可随意调节狗链长度、并且使用方便的多功能狗圈，然而，说明书只有一幅附图，并没有实施例中记载的“开口轴套”这一零件的附图标记，说明书的文字部分也没有完整地表述这一具体技术特征。因此，说明书并没有清楚、完整地记载该申请的技术方案，根据说明书的记载，本领域技术人员无法实现该技术方案。据此，专利复审委员会依据《专利法》第26条第3款的规定，作出了第6972号无效宣告请求审查决定书，宣告该专利全部无效。

说明书的充分公开也是无效宣告程序中经常被请求人运用的一项法定的无效理由。发明人在撰写专利申请文件的过程中，要尽可能地详细描述发明内容，这对于获取专利权以及维护专利权的稳定性都极为重要。

四、如何提高专利质量、增强专利权的稳定性

通过上述案例分析可以得出，一份专利申请具备新颖性、创造性和实用性是其可以被授权的基本条件。在此基础上，专利申请文件的撰写质量也会很大程度上影响专利权的获得，甚至有可能因为撰写质量问题导致专利权不稳定、容易被后续程序无效。而想要获得一项高质量的、稳定的专利权，需要发明人、审查员和专利代理人三方的共同努力、协作配合。

作为发明人，其发明申请的技术方案和现有技术相比必须确实具备可授予专利权的条件。但是，可以被授予专利权并不意味着专利质量高。根据本文上述记载的数据分析，我国已获授权的专利质量良莠不齐。而低质量的专利申请对于市场而言缺少竞争力，也会制约企业的发展。因此，发明人不应该只关注能否获得专利权以及获得专利权的项数，而应该更注重专利权的技术含量。专利权的质量高，其稳定性也会相应提高。因此，发明人应当对市场进行充分的调研，了解现有技术的发展现状，明确当前急需解决的技术问题，针对该问题进行自主创新，作出符合社会生产、生活需要的创新的产品或工艺方法，以高

质量的、稳定的专利权捍卫自己的产品和工艺。

作为审查机构，应该严格审查，确保专利申请的质量。根据我国现有的专利审查制度，发明专利申请能否获得专利权需要经过严格的实质审查程序，因此，实质审查过程发挥着非常重要的作用，是保证专利质量的重要环节。专利审查质量不高，使得申请人获得了本不应该被授予的专利权，导致申请人花费时间、金钱和精力维护专利权，最终由于专利权的质量问题被无效宣告或者导致侵权官司的败诉，造成多方的利益损失，这是审查机构应当努力避免的。因此，对于一些低质量的专利申请，例如，缺乏新颖性、创造性或实用性，以及权利要求和说明书撰写存在严重的质量问题，符合驳回条款并且能够作为无效理由的，审查员应当在实质审查程序中发现并指出问题，以确保授权专利的质量和专利权的稳定，节约后续程序。这就要求审查员在了解现有技术的基础上进行充分检索，客观、公正地评判专利申请是否具有新颖性和创造性，对专利申请文件的撰写缺陷进行全面审查，合理地利用相关法条，保证专利审查的质量，防止权利要求保护范围不当地被缩小或放大。审查员在实质审查过程中对专利申请文件的严格要求能够提高授权专利在后续流程中的稳定性，降低其因为实质缺陷或者撰写缺陷而导致被无效的可能性。

作为专利代理人，不仅仅是帮助委托人将其技术方案以文字的形式撰写成专利申请文件、进行专利申请，更应该从委托人的利益出发，思考如何撰写才能给申请人带来最大的保护范围，帮助委托人获得专利权，将利益最大化。这就要求专利代理人首先应当对现有技术进行充分检索，明确发明与现有技术的区别，以获得专利权为目标，以申请人的利益为导向，在有可能授权的前提下围绕发明内容多角度多层次撰写权利要求，撰写尽可能大范围的独立权利要求和范围适当的从属权利要求，层层保护，提高权利的稳定性。在撰写专利申请文件时，除了要保证权利要求具有授权前景外，还要避免出现违反驳回法条和存在可以作为无效理由的缺陷。尤其是在我国现有的专利审查制度下，实用新型专利获得授权并没有经过实质审查，因此专利申请文件中存在的问题可能会直接导致实用新型专利权被驳回，或者是授权后的专利权极其不稳定，容易被后续程序无效。这就要求专利代理人在撰写权利要求时，对于独立权利要求的撰写，除了要体现与现有技术的区别外，还必须包括必要技术特征；所有权利要求的撰写都应该满足清楚、简要和得到说明书支持的要求，并且不应存在其他可能导致权利要求存在歧义和异议的缺陷。而对于说明书的撰写，应该清楚、完整地记载发明的技术方案，从抽象到具体、从概括到细化地对技术方案进行各种范围、层次的撰写，避免因撰写范围过大导致本领域技术人员无法实施和实现技术方案；另外，对于权利要求中所涉及的技术术语和数据，都应当在说明书中加以详细说明，避免因出现含混不清、模棱两可使得本领域技术人员不能清楚、正确理解发明或者实用新型，从而导致技术方案无法实施的情况。总之，作为专利代理人，不应该只追求让委托人获得授权，更应该帮助委托人获得一项高质量的专利权，使其专利权是稳定的、持久的。

对于一项专利申请，其质量的高低和权利的稳定，需要发明人、审查员和专利代理人三者共同努力、相互沟通，在发明创造的源头上、专利申请文件的撰写上以及实质审查的过程中不断提高专利申请的质量，巩固专利权的稳定。

五、结　论

通过以上论述可以得出，一份低质量的专利申请文件相对而言其专利性的稳定性也会大打折扣，即便技术方案确实具有新颖性、创造性和实用性，也会因为专利申请文件撰写中的其他问题导致专利权被后续程序无效，这不仅浪费了国家资源，也浪费了发明人、审查员和专利代理人的时间和精力，更会给专利权人带来严重的经济损失。因此，以符合“三性”为基本要求，从专利申请文件的撰写上杜绝出现可能被驳回或无效的质量问题，提高专利申请的质量，这是专利权稳定的必要条件。

从复审决定看发明构思在创造性评判中的运用

秦春芳* 赵传海*

【摘 要】

本文首先介绍了发明专利审查中创造性、发明构思以及两者之间的内在联系，然后结合复审决定中涉及创造性评判的审查实践，通过分析实际案例进一步阐述了发明构思在发明实质审查创造性评判中的运用，以期达到对创造性评判的深入理解与准确把握。

【关键词】

创造性 三步法 发明构思 复审

一、引 言

创造性是专利申请能否被授予专利权的重要条款之一，也是在实审、复审、无效请求等过程中最具争议的焦点之一，在实质审查中准确把握发明构思以还原发明的产生过程，有助于对创造性的评判更加准确，对“三步法”的运用更加自如，做到驳回客观、公正，授权范围清晰、适当。本文首先阐述了对发明构思的理解以及发明构思在创造性评判中的体现和应用，并通过引入复

* 作者单位：国家知识产权局专利局专利审查协作江苏中心。

审决定中对创造性案件的具体分析，论证了准确把握发明构思在审查实践中的重要作用。

二、创造性评判和发明构思之间的内在联系

（一）创造性

《专利法》第22条第3款规定："创造性，是指与现有技术相比，该发明具有突出的实质性特点和显著的进步。"《专利审查指南2010》中明确指出判断要求保护的发明相对于现有技术是否显而易见，通常可按照以下三个步骤（以下简称"三步法"）进行：（1）确定最接近的现有技术；（2）确定发明的区别特征和发明实际解决的技术问题；（3）判断所要保护的发明对本领域的技术人员来说是否显而易见❶。"三步法"为审查员提供了一种具体的、可操作的创造性评判的手段，是国家知识产权局审查员目前普遍采用的评述创造性的判断方法。然而，在审查实践中过分机械、生硬地套用"三步法"的具体步骤而忽略其精神内涵，会导致创造性评判出现偏差乃至错误，从而违背"三步法"的设立初衷。

（二）发明构思

发明构思是为解决现有技术中存在的技术问题而产生的、体现发明智慧的、有中心及层次的、系统性、整体性的思维活动❷。发明构思是一种抽象的思维活动，并通过包含多个技术特征的技术手段所构成的技术方案来呈现。具体来讲，本领域技术人员通过了解所属技术领域的现有技术，基于该领域中普遍存在的技术问题或者个人观察所发现的技术问题，从而产生改进现有技术的动机，考虑如何解决该技术问题，并提出解决现有技术问题的一个或多个关键技术手段，通过这些技术手段反映申请人创造性的劳动，体现申请人的智慧贡献，并进一步形成完整的技术方案，表现为层次性、系统性、整体性，最终达到特定的技术效果。

（三）两者的内在联系

对发明专利申请的创造性评判的过程即重塑发明创造的过程，是本领域技

---

❶ 中华人民共和国国家知识产权局．专利审查指南2010［M］．北京：知识产权出版社，2010：172－175.

❷ 窦艳鹏，等．论发明构思与最接近现有技术的选取［J］．审查业务通讯，2015，21（3）：54－58.

术人员通过“三步法”的应用还原发明创造的产生过程。发明构思是“三步法”的精神内涵，“三步法”是发明构思的一种具体化手段，在“三步法”评判过程中要始终坚持将发明构思贯穿于创造性评判每一个步骤。

1. 确定最接近的现有技术

“最接近的现有技术”是本领域技术人员通向发明的起点，根据前文对专利申请的发明构思的分析过程可知，“最接近的现有技术”的选取是以技术问题为导向的，即其强调了为解决所属技术领域存在的技术问题而产生发明的过程。当要解决的技术问题不相同时，即使某对比文件公开了本申请较多的技术特征，其也不会给出相应的改进现有技术的动机，从而不会由该对比文件得到本申请。

2. 确定发明的区别特征和发明实际解决的技术问题

（1）区别技术特征的确定。体现发明构思的技术手段是多个技术特征的有机结合，而非简单拼凑。在确定区别技术特征时，不应简单地把每个“字面上的”区别列为区别技术特征，而应将紧密联系、共同形成独立技术手段的若干技术特征进行整体把握，对特征进行有条理的分类，将其融入发明整体构思中考虑，聚焦智慧贡献，合理提取或概括区别技术特征。只有区别技术特征的准确确定，才能厘清其在本申请中实际所要解决的技术问题，进而正确把握其创造性。

（2）实际解决的技术问题的确定。该实际解决的技术问题可能是申请人所声称的技术问题，也可能是本领域技术人员根据最接近的现有技术与本申请的区别而重新确定的技术问题。无论哪种情况都是建立在对发明构思准确把握的基础上，而不是仅根据孤立的一个或几个特征本身来确定技术问题。

3. 显而易见性

对于“显而易见性”，《专利审查指南2010》规定，要从最接近的现有技术和发明实际解决的技术问题出发，确定现有技术整体上是否存在某种技术启示，如果现有技术存在这种启示，则发明是显而易见的，不具有突出的实质性特点。即“显而易见性”的判断是从方案整体进行判断的，区别技术特征被公开并不必然导致发明是显而易见的，而应该考虑该区别技术特征所要解决的技术问题，以及是否存在将其应用到现有技术中的技术启示。

三、发明构思在复审决定创造性评判中的应用

根据《专利法》第41条及其实施细则的相关规定，复审程序是因申请人

对专利局的驳回决定不服而启动的救济程序，如果经专利复审委员会合议审查认为复审请求成立，则撤销审查员之前所作的驳回决定；复审请求不成立，则维持驳回决定。对复审决定不服的，申请人可以在规定期限内提起行政诉讼。

当前，国家知识产权局提出以“三性评判”的全面审查理念，创造性驳回以及就创造性评判提出的复审请求在发明专利申请的审查中一直占着较高的比重，目前复审案件中涉及创造性评判存在的问题主要包括以下几种类型：事实认定错误、最接近的现有技术没有改进动机、与其他现有技术的结合启示、技术问题认定偏差、割裂技术特征认定公知常识等，如果在创造性评判过程中始终坚持基于发明构思的判断标准，则会避免上述各类问题的发生，确保前、后审的审查标准执行一致性。

下面就笔者接触到的两件复审决定对发明构思在创造性评判审查实践中的应用进行进一步的介绍与分析。

【案例1】

一种移动存储器的访问控制方法，其特征在于，包括：移动存储器接收多种认证类型的认证请求，并进行认证；

当所述移动存储器判定当前已通过预先设定的N种类型的认证时，允许对所述移动存储器进行预先设定的文件访问操作；

所述移动存储器采用如下方式判断当前是否已通过预先设定的N种认证类型的认证：判断当前已通过的不同类型的认证所对应的状态值之和是否大于或等于预先设定的安全认证条件值X，如果是，则判定已通过了预先设定的N种认证类型的认证；

其中，所述移动存储器采用如下方式设定通过各种类型的认证所对应的状态值：

通过任意M种类型的认证所对应的状态值之和小于X，其中M＜N；通过任意N种或预先设定的N种类型的认证所对应的状态值之和大于或等于X；

所述N为大于或等于2的整数。

审查员使用了两份对比文件1、2（以下简称D1、D2）结合公知常识评述了该权利要求的创造性，并最终驳回了该专利申请，申请人提出复审请求，复审作出直接撤驳决定。本文对专利申请文件及其对比文件进行了技术比对，见表1。

该申请的发明构思为：在移动存储设备访问控制技术领域（技术领域），存在多种单一认证方式（现有技术），这些单一认证方式的安全性差（现有技术存在的技术问题），申请人基于此提出一种多种认证类型的认证方式（所采用的技术手段），并对每种认证类型设定状态值，将状态值之和与预先设定的条件X相比较来进行访问控制（技术手段的具体实施方式），最终提高了移动存储设备中文件访问的安全性（所达到的技术效果）。

表1　该申请与D1、D2的发明构思比较

	本申请	D1	D2
技术领域	移动存储设备访问控制	移动存储设备访问控制	涉密电子文件的保密
本领域现有技术中存在的技术问题	仅通过静态的认证口令（即单一认证类型）进行用户身份认证，安全性差	通过机械锁、隐藏分区、软件加密、静态口令进行身份认证，安全性差	电子文件安全管理存在漏洞，涉密电子文件的保密工作亟待加强
采用的技术手段	多种认证类型的认证——认证类型可选	口令认证及数据加密——单一认证类型	多重认证，即第一次用户身份认证+第二次用户身份认证（动态口令+静态口令）——认证类型依次执行
所达到的技术效果	提高移动存储设备中文件访问安全性	提高移动存储设备中文件访问安全性	提高文件的保密性

D1的发明构思为：在移动存储设备访问控制技术领域（技术领域），存在多种类型的认证方式（现有技术），这些认证方式均存在缺陷而导致安全性差（现有技术存在的技术问题），该对比文件通过在口令认证后进行数据加密（所采用的技术手段）来提高移动存储设备中文件按访问的安全性（所达到的技术效果）。

因此审查员在创造性评判过程中出现的主要问题有：

（1）发明构思不同，D1不宜作为最接近的现有技术。首先，D1认为现有的多种认证技术（与其他认证方式相比）本身均存在缺陷，而并未公开或暗示其所存在的技术问题为：单一认证方式与多重认证方式相比存在缺陷，而这是本申请所强调并进行改进的基础；其次，D1所采取的技术手段同样是单一认证方式。因此，D1与本申请解决的技术问题不同，采用的技术手段也不同，即两者的构思并不相同，不适合作为本发明改进的起点。

（2）割裂区别技术特征，单纯认为每个区别技术特征为公知常识，而未考虑各个特征之间的有机联系，以及特征间的协同作用可能会产生特定的技术效果。该申请在提出关键技术手段“多种认证类型”以解决其技术问题之后，进一步提出关键技术手段的其中一种具体实现方案，即通过设定相应的“安全认证条件值X”，并将N种认证类型的状态值之和与X相比较来确定其是否通过认证；即两个技术特征是有层次递进关系的，不宜将两者分割开来，并分别进行说理。而在“多种认证类型”尚未公开的前提下，再进一步认定其具体实现方案是公知常识，也必然不能得到申请人的信服。

【案例2】

一种显示方法，应用于一种终端，所述终端包括显示单元，其特征在于，所述终端至少包括第一状态，以及与第一状态不同的第二状态，所述方法包括：

检测所述终端的显示状态；所述终端的显示状态根据所述终端的空间位置或所述终端附近的图像信息所表示的用户观看角度确定；

当检测到所述终端的显示状态处于第一状态时，产生第一显示命令，依据所述第一显示命令在所述显示单元上显示第一内容；

当检测到所述终端的显示状态处于第二状态时，产生第二显示命令，依据所述第二显示命令在所述显示单元上显示第二内容；

其中，所述第一内容与所述第二内容包括的对象不完全相同；所述第一状态下的显示角度与所述第二状态下的显示角度不同；所述第一状态下所述第一内容包括的对象与所述第二状态下所述第二内容包括的对象相对于用户均为正向；

所述第一内容包括第一对象和第二对象；第二内容包括所述第一对象和第三对象；其中第二对象和第三对象不同；

所述第一对象的显示位置在显示单元的第一区域，第二对象或第三对象的显示位置在显示单元的第二区域。

审查员使用对比文件1（以下简称D1）结合公知常识评述了该权利要求的创造性，并最终驳回了该专利申请，申请人提出复审请求，并针对驳回的权利要求进行修改，针对上述驳回权利要求中又增加了如下技术特征：“所述第一状态下的显示角度为平行于竖直边显示，所述第二状态下的显示角度为平行于水平边显示；所述第一对象为通用应用程序，所述第二对象为供工作使用的应用程序快捷方式，所述第三对象为供娱乐使用的应用程序快捷方式；所述第一区域为显示单元的中心区域，所述第二区域为显示单元的边缘区域。”前置坚持了驳回决定，复审经合议审理最终作出维持驳回的决定。

本文对该专利申请及D1进行了技术比对，见表2。

表 2　本申请与 D1 的发明构思比较

	本申请	D1
技术领域	终端显示控制——具体涉及不同显示状态的切换	电脑显示控制——具体涉及不同显示模式的切换
本领域现有技术中存在的技术问题	现有的桌面显示方法不能与平板电脑特性相匹配，若要显示不同的对象，需用户在不同桌面系统间进行切换，操作烦琐	现有的控制显示器显示方式的操作，如键盘、鼠标、触摸屏等方式不便于用户操作
采用的技术手段	根据终端的空间位置或终端附近的图像信息所表示的用户观看角度来进行不同显示状态的切换	根据便携式电脑的不同模式，如膝上型模式、画架模式等，来进行不同显示模式的切换
所达到的技术效果	便于用户操作，提高用户体验	提供友好的用户体验

该申请的发明构思为：在终端显示控制技术领域（技术领域），现有的显示控制方法需要用户手动操作，操作烦琐（现有技术存在的技术问题），申请人基于此提出可以使终端根据不同的条件来切换不同的显示状态（所采用的技术手段），具体地，是根据终端的空间位置所表示的用户观看角度来进行不同显示状态的切换（技术手段的具体实施方式），最终避免用户手动操作，提升了用户体验（所达到的技术效果）。

D1 的发明构思为：在终端显示控制控制技术领域（技术领域），现有的显示控制方法需要用户手动输入执行，不便于用户操作（现有技术存在的技术问题），该对比文件根据终端的不同状态来切换不同的显示模式（所采用的技术手段）来提供友好的用户体验（所达到的技术效果）。

由此可见，审查员在创造性评判过程中对本申请的发明构思做到了准确把握：

（1）发明构思相同：D1 与本申请所属的技术领域相同，所解决的技术问题相同，可以将 D1 作为还原本申请的原点，且 D1 提供了解决该技术问题的一种技术手段，即“根据便携式电脑的不同模式如膝上型模式、画架模式等来进行不同显示模式的切换”。虽然具体实施方式略有不同，然而其发明构思相同，均是根据不同的条件实现不同显示状态的切换而无须用户手工切换。

（2）公知常识认定准确：修改后的权利要求与 D1 的区别在于“具体限定了第一状态下的显示角度为平行于竖直边显示，所述第二状态下的显示角度平行于水平边显示；第一内容包括第一对象和第二对象，第二内容包括第一对象和第三对象，第二对象和第三对象不同，所述第一对象为通用应用程序，所述第二对象为供工作使用的应用程序快捷方式，所述第三对象为供娱乐使用的应用程序快捷方式；第一对象的显示位置在显示单元的第一区域，第二对象或第三对象的显示位置在显示单元的第二区域，所述第一区域为显示单元的中心区域，所述第二区域为显示单元的边缘区域”。基于上述区别其实际所要解决的技术问题在于“选择不同显示状态下的显示角度、显示内容以及内容的显示位置”。

虽然本申请和 D1 的“字面上”的区别较多，然而对本领域技术人员来说，在 D1 已经给出可以根据用户的观看需求适当调整显示器屏幕上的显示角度的前提下，结合用户使用移动终端时的具体需求，例如用户在打电话时采用传统的竖屏模式，而玩游戏或者观看视频时会选择横屏模式从而得到更大的画面，将 D1 的显示调整角度由 180°变为 90°从而得到第一状态下的显示角度为平行于竖直边显示，第二状态下的显示角度平行于水平边显示的技术方案是本领域技术人员容易想到的，属于本领域的常用技术手段；在 D1 导航栏显示框的启示下，本领域技术人员能够容易想到设置的第一内容包括第一、第二对象，第二内容包括第一、第三对象，第二对象不同于第三对象，而各对象的具体应用程序以及显示位置的设置对本领域技术人员来说也是本领域的常规选择，并不需要付出创造性劳动，此外，通用应用程序、供工作使用的应用程序快捷方式、供娱乐使用的应用程序快捷方式等也是本领域常用的应用程序分类以及快捷方式设置。综上所述，以上诸多区别技术特征在结合本申请以及 D1 的发明构思中整体考虑可以发现其并未体现对 D1 的智慧贡献。

四、结　语

在落实执行“实审工作要审实”的审查理念时，只有抓住发明专利申请的发明构思，从构思中看智慧，在智慧中比贡献，才能把握好创造性评判以及“三步法”运用不偏差，案件走向不误判，并达到前、后审的审查标准执行一致性，节约审查程序，提高专利实质审查的质量以及提升申请人的社会满意度。

关于化学领域“碳原子数范围”的修改是否超范围之浅见

邱万杰*

【摘　要】

本文从法律法规层面和表达方式层面两个方面，对化学领域中的碳原子数范围是否属于审查指南中所称的数值范围、特定情况下对碳原子数范围进行的修改是否就是修改超范围的问题进行了探讨。经研究后笔者认为，化学领域中的碳原子数范围不属于审查指南中所称的数值范围，特定情况下对碳原子数范围进行的修改，不应按照上述数值范围的判断标准来分析认定，而应当按照马库什权利要求（并列选择法）的判断标准进行分析认定。

【关键词】

数值范围　碳原子数　连续　离散　马库什

一、引　　言

涉及数值范围的化学领域专利申请是最常见也是非常多的一类专利申请，所以从事化学领域的专利代理人，几乎无时无刻不在与数值范围打交道。而在

* 作者单位：北京尚诚知识产权代理有限公司。

实质审查过程中，随着审查的进行，常常需要对专利申请文件进行修改。而在这些修改之中，对权利要求书中的数值范围的修改占了很大比例。有修改，就绕不过《专利法》第33条，就需要判断申请人对权利要求书中数值范围的修改是否超出原说明书和权利要求书记载的范围。大部分情况下，根据《专利法》《专利法实施细则》和《专利审查指南2010》的相关规定，可以明确判断出数值范围的修改是超范围还是不超范围。

笔者及同事在答复审查意见通知书时遇到一件令人困惑的事情。在将权利要求书中的碳原子数范围进一步限定为更小的范围时，得到了不同的审查结论，其中两件专利申请的修改被认可，而另一件专利申请的修改被认定为修改超范围。由于三件专利申请的修改内容性质相同，为了便于表述，笔者将这三件专利申请中的碳原子数范围的修改以及后述的例子模型化。暂且都写作是将"碳原子数为1~6的烷基"修改为"碳原子数为2~6的烷基"，并且，在原说明书和权利要求书中没有记载碳原子数为2的中间值。对于上述被认定为修改超范围的专利申请，审查员的审查意见是"原说明书和权利要求书中没有记载碳原子数为2这个中间值，所以新组成的'碳原子数为2~6的烷基'的数值范围没有记载在原说明书和权利要求书中"。显然是该审查员将碳原子数范围视同为数值范围。

那么，碳原子数的范围是不是审查指南中所称的数值范围？上述对碳原子数的范围进行修改的情形是否属于修改超范围？本文从法律法规层面和表达方式层面两个方面进行了探讨，希望能够抛砖引玉，给从事专利工作的人员提供一些启发，厘清有关碳原子数范围方面的不清晰之处。

二、从法律法规层面的探讨

在讨论碳原子数范围之前，先根据《专利法》《专利法实施细则》《专利审查指南2010》的相关规定，厘清数值范围的概念、修改原则以及其背后蕴含的道理。以下，按照笔者假设的模型例一"n为1~6"、模型例二"n为1~6的整数"和模型例三"碳原子数为1~6的烷基"的顺序分别进行探讨，上述模型例中的其余技术特征在本文中都分别视为相同。

（一）模型例一"n为1~6"的探讨

首先，关于数值范围的新颖性，在《专利审查指南2010》第二部分第三章第3.2.4节有明确的规定。

3.2.4 数值和数值范围

如果要求保护的发明或者实用新型中存在以数值或者连续变化的数值范围限定的技术特征，例如部件的尺寸、温度、压力以及组合物的组分含量，……。

……

(3) 对比文件公开的数值范围的两个端点将破坏上述限定的技术特征为离散数值并且具有该两端点中任一个的发明或者实用新型的新颖性，但不破坏上述限定的技术特征为该两端点之间任一数值的发明或者实用新型的新颖性。

【例如】

专利申请的权利要求为一种二氧化钛光催化剂的制备方法，其干燥温度为40℃、58℃、75℃或者100℃。如果对比文件公开了干燥温度为40℃～100℃的二氧化钛光催化剂的制备方法，则该对比文件破坏干燥温度分别为40℃和100℃时权利要求的新颖性，但不破坏干燥温度分别为58℃和75℃时权利要求的新颖性。

(4) 上述限定的技术特征的数值或者数值范围落在对比文件公开的数值范围内，并且与对比文件公开的数值范围没有共同的端点，则对比文件不破坏要求保护的发明或者实用新型的新颖性。

【例1】

专利申请的权利要求为一种内燃机用活塞环，其活塞环的圆环直径为95毫米，如果对比文件公开了圆环直径为70毫米～105毫米的内燃机用活塞环，则该对比文件不破坏该权利要求的新颖性。

【例2】

专利申请的权利要求为一种乙烯－丙烯共聚物，其聚合度为100～200，如果对比文件公开了聚合度为50～400的乙烯－丙烯共聚物，则该对比文件不破坏该权利要求的新颖性。

在上述（3）的例子中，认为对比文件公开的范围40℃～100℃公开了专利申请的40℃和100℃，很容易理解。但为什么说没有公开58℃和75℃呢？对比文件已经公开了40℃～100℃这样的范围，58℃和75℃也在这个范围之内，怎么能说没有公开呢？《专利审查指南2010》中虽是这样规定的，但是没有说明其中的道理。笔者认为，40℃～100℃是一个连续变化的数值范围（请见本节即第3.2.4节开头笔者标注下画线的部分），既然是连续变化的数值范围，就意味着该数值范围之中包含着无限个数值（∞个数值），不管是58℃还是75℃，只是该无限个数值之中的一个，公众怎么可能在无限个数值之中看到58℃或者75℃这样明确的数值呢，所以说，虽然对比文件公开了40℃～100℃这样的数值范围，但不能说对比文件公开了58℃或者75℃。笔者认为道理就在于此。

同样，在上述（4）的例1中，也是相同的道理。

在讨论上述（4）的例2之前，笔者认为，在本节中列举乙烯－丙烯共聚物的聚合度作为例子，有值得商榷之处。不管是乙烯单体，还是丙烯单体，它们都是完整的个体，不存在0.5个单体或者0.1个单体等，所以其共聚物的聚合度应该是整数，所以该例子中的"聚合度为100～200"和"聚合度为50～400"不是连续变化的数值范围。如果使用"平均聚合度"这个概念，也许能够说是连续变化的数值范围。笔者认为此例值得商榷。但是，在本文中利用《专利审查指南2010》借用此例想要说明的道理，暂且认为上述数值范围是连续变化的数值范围。

在上述（4）的例2中，同样，50～400是一个连续变化的数值范围，100～200也是一个连续变化的数值范围。但是，50～400的数值范围之中，在包含着无限个数值的同时，也包含着无限个数值范围，100～200的数值范围只是无限个数值范围之中的一个数值范围。与上述同理，公众怎么可能在无限个数值范围之中看到100～200这样明确的数值范围呢，所以说，虽然对比文件公开了50～400这样的数值范围，但不能说对比文件公开了100～200的数值范围。道理也同样在于此。

因此，与连续变化的数值范围有关的修改有其特殊性，原因就在于连续变化的数值范围之中包含着无限个数值，并且也包含着无限个数值范围。由此也就清楚了审查指南中有关数值范围修改的规定。

其次，关于数值范围的修改，在《专利审查指南2010》第二部分第八章第5.2.3.3节有如下的规定。

5.2.3.3 不允许的删除

不能允许删除某些内容的修改，包括下述几种。

……

（3）如果在原说明书和权利要求书中没有记载某特征的原数值范围的其他中间数值，而鉴于对比文件公开的内容影响发明的新颖性和创造性，或者鉴于当该特征取原数值范围的某部分时发明不可能实施，申请人采用具体"放弃"的方式，从上述原数值范围中排除该部分，使得要求保护的技术方案中的数值范围从整体上看来明显不包括该部分，由于这样的修改超出了原说明书和权利要求书记载的范围……

作为数值范围的修改原则，上述规定明确认定，在原说明书和权利要求书中没有记载某特征的原数值范围的其他中间数值、而申请人从上述原数值范围中排除一部分的情况下，修改超出了原说明书和权利要求书记载的范围。例如，本文中的模型例一“n 为 1 ~ 6”。在原说明书和权利要求书中没有记载“n 为 2”这样的中间数值的情况下，申请人将“n 为 1 ~ 6”修改为“n 为 2 ~ 6”，明显是修改超范围。其道理如前述，“n 为 1 ~ 6”是连续变化的数值范围，公众不能在 1 ~ 6 中所包含的无限个数值之中看到 2 这样明确的数值，也不能从原说明书和权利要求书中看到“n 为 2 ~ 6”这样的连续变化的数值范围。因此，在原说明书和权利要求书中没有公开中间值“n 为 2”的情况下，将连续变化的数值范围“n 为 1 ~ 6”修改为“n 为 2 ~ 6”时，不符合《专利法》第 33 条的规定，修改超范围。

小结一下：由于在连续变化的数值范围（例如，n 为 1 ~ 6）内包含着无限个数值，并且也包含着无限个数值范围，而对于某个具体的数值（例如，n 为 2）或者某个具体的数值范围（例如，n 为 2 ~ 6）而言，存在不能够被明确认定的性质，所以原说明书和权利要求书公开了连续变化的数值范围（例如，n 为 1 ~ 6）不等于具体地公开了某一数值（例如，n 为 2）或者由该数值重新组成的新数值范围（例如，n 为 2 ~ 6）。

（二）模型例二“n 为 1 ~ 6 的整数”的探讨

下面探讨非连续变化（离散）且有一定规律可循的“数值范围”。在本文中以“n 为 1 ~ 6 的整数”为例。

在探讨之前，我们先回顾一下《专利法》《专利法实施细则》和《专利审查指南 2010》对于修改的相关规定。《专利法》第 33 条规定：“申请人可以对其专利申请文件进行修改，但是，对发明或实用新型专利申请文件的修改不得超出原说明书和权利要求书记载的范围，……”作为修改的基本原则，本条明确规定，对发明或实用新型专利申请文件的修改不得超出原说明书和权利要求书记载的范围。进一步，在《专利审查指南 2010》中对判断修改是否超范围的基本原则进行了细化，并对“原说明书和权利要求书记载的范围”的内涵给出了具体规定：“原说明书和权利要求书记载的范围包括原说明书和权利要求书文字记载的内容和根据原说明书和权利要求书文字记载的内容以及说明书附图能直接地、毫无疑义地确定的内容。”

根据上述规定，“原说明书和权利要求书记载的范围”包括两个层次的含义：一是通过原说明书和权利要求书的文字已经明确表述出来的内容（以下称为“规定①”）；二是所属领域的技术人员通过原说明书和权利要求书以及说明书附图能够直接地、毫无疑义地确定的内容（以下称为“规定②”）。

“n 为 1～6 的整数”，它不属于《专利审查指南 2010》中所称的连续变化的数值范围，它是一个离散的、有一定规律可循的数值的集合。换言之，“n 为 1～6 的整数”的范围之中所包含的数值是有限的、可数的数值，并且是明确的数值，而不是无限个数值。公众看到“n 为 1～6 的整数”的文字记载内容，实质上就是看到了“n 为 1、2、3、4、5、6”这样的内容。并且，修改后的“n 为 2～6 的整数”也与上述相同。即对于修改后的“n 为 2～6 的整数”，公众看到的实质上是“n 为 2、3、4、5、6”这样的内容。

据上可知，“n 为 1～6 的整数”除了公开了 1、6 之外，显然也公开了 2、3、4、5。其中，“n 为 2”属于通过原说明书和权利要求书的文字已经明确表述出来的内容，所以将“n 为 1～6 的整数”修改为“n 为 2～6 的整数”，符合上述规定①。退一步讲，该修改至少也应当符合上述规定②。

笔者认为，不管是“n 为 1、2、3、4、5、6”，还是“n 为 2、3、4、5、6”，说它们是马库什权利要求（即并列选择法，以下简称“马库什”）的表现形式更为准确。因此，判断将“n 为 1～6 的整数”修改为“n 为 2～6 的整数”是否超范围时，不应将其当作连续变化的数值范围来分析认定，应当按照马库什的判断标准进行分析认定。

小结一下：在原说明书和权利要求书中没有单独写明中间值“n 为 2”的情况下，将“n 为 1～6 的整数”修改为“n 为 2～6 的整数”时，不应按照连续变化的数值范围的判断标准将其判定为修改超范围，而应当按照马库什的判断标准进行判定。

（三）模型例三“碳原子数为 1～6 的烷基”的探讨

在不考虑异构体的情况下，模型例三“碳原子数为 1～6 的烷基”与上述模型例二“n 为 1～6 的整数”相同，上述有关模型例二“n 为 1～6 的整数”的判断过程和结论完全适用于模型例三“碳原子数为 1～6 的烷基”。

“碳原子数为 1～6 的烷基”实质是指“碳原子数为 1 的烷基、碳原子数为 2 的烷基、碳原子数为 3 的烷基、碳原子数为 4 的烷基、碳原子数为 5 的烷基、碳原子数为 6 的烷基”（为了叙述简明，在以下叙述时处于中间位置的“碳原子数为 3、4、5 的烷基”用……代替）。

也就是说，“碳原子数为 1～6 的烷基”不属于《专利审查指南 2010》中所称的"连续变化的数值范围"，它是一个离散的、有一定规律可循的化合物的集合。在判断将"碳原子数为 1 ~ 6 的烷基"修改为"碳原子数为 2 ~ 6 的烷基"是否超范围时，不应将其当作连续变化的数值范围来分析认定。

公众看到"碳原子数为 1 ~ 6 的烷基"的文字记载内容，就应当是看到了"碳原子数为 1 的烷基、碳原子数为 2 的烷基、……碳原子数为 6 的烷基"这样的内容。同样，公众看到"碳原子数为 2 ~ 6 的烷基"的内容，就应当是看到了"碳原子数为 2 的烷基、……碳原子数为 6 的烷基"的内容。

据上可知，将"碳原子数为 1 ~ 6 的烷基"修改为"碳原子数为 2 ~ 6 的烷基"，符合上述规定①。退一步讲，该修改至少也应当符合上述规定②。

同样，不管是"碳原子数为 1 的烷基、碳原子数为 2 的烷基、……碳原子数为 6 的烷基"还是"碳原子数为 2 的烷基、……碳原子数为 6 的烷基"，说它们是马库什的表现形式更为准确。因此，判断将"碳原子数为 1 ~ 6 的烷基"修改为"碳原子数为 2 ~ 6 的烷基"是否超范围时，应当按照马库什的判断标准进行分析认定。

以上以"碳原子数为 1 ~ 6 的烷基"为例进行了说明。但是，上限的碳原子数大于 6 时也是同样，例如"碳原子数为 1 ~ 18 的烷基""碳原子数为 1 ~ 30 的烷基"等，上述结论依然适用。

小结一下：在原说明书和权利要求书中没有公开中间值"碳原子数为 2 的烷基"的情况下，将"碳原子数为 1 ~ 6 的烷基"修改为"碳原子数为 2 ~ 6 的烷基"时，不应按照连续变化的数值范围的判断标准将其判定为修改超范围，而应当按照马库什的判断标准进行判定。

三、从表达方式层面的探讨

换个角度来看一看。从表达方式上来讲，书写方式越简洁明了，益处也越多。

对于模型例三"碳原子数为 1 ~ 6 的烷基"而言，可以有下述两种书写方式：

(1)"碳原子数为 1 的烷基、碳原子数为 2 的烷基、……碳原子数为 6 的烷基"（也可写成"C1 的烷基、C2 的烷基、C3 的烷基、C4 的烷基、C5 的烷基、C6 的烷基"）。

(2)"碳原子数为 1 ~ 6 的烷基"（也可写成"C1 ~ C6 的烷基"或"C1 ~ 6 的烷基"）。

以上（1）、（2）两种书写方式所表示的内容相同，只是书写方式不同。方式（1）更准确地说是马库什的方式。显然方式（2）更简洁明了，更应受到提倡。

在进行修改时，在方式（1）中，将“碳原子数为1的烷基”删除，相当于将并列的技术方案删除。即，从并列的发明中删除“碳原子数为1的烷基”的发明。而当将上述方式（2）被误认为是连续变化的数值范围时，当然，将“碳原子数为1～6的烷基”修改为“碳原子数为2～6的烷基”是不被认可接受的。

问题来了，相同的内容，只因书写方式不同，命运却截然不同。判断标准和判断对象必有一方出现了问题。

判断对象方面，对于本领域技术人员而言，方式（1）是方式（2）的具体写法，方式（1）是方式（2）的总括性写法（不是上位概念的概括）。方式（1）与方式（2）所表示的内容完全相同。

问题显然是出在判断标准方面，就像前述的审查员，将书写形式上很像连续变化的数值范围的“碳原子数为1～6的烷基”误认为就是连续变化的数值范围。

对于申请人而言，为了减少损失，会选择方式（1）的写法，虽然冗长麻烦。但从另一方面看，这么做不符合简洁明了的原则，会使申请文件冗长烦琐。

对于模型例二“n为1～6的整数”而言，也可以按照上述两种书写方式进行书写：

（1）“n为1、2、3、4、5、6”。

（2）“n为1～6的整数”。

同样，方式（1）是方式（2）的具体写法，方式（1）是方式（2）的总括性写法（不是上位概念的概括）。方式（1）与方式（2）所表示的内容完全相同。显然方式（2）更简洁明了。

然而，对于模型例一“n为1～6”而言，“n为1～6”是连续变化的数值范围，不能写成方式（1）的形式，只能写成方式（2）的形式。

因此，从表达方式层面来看，“碳原子数为1～6的烷基”也好，“n为1～6的整数”也好，它们都只是一种简便书写方式，将其范围缩小时，例如将“碳原子数为1～6的烷基”修改为“碳原子数为2～6的烷基”时、或者将“n为1～6的整数”修改“n为2～6的整数”时，不应按照连续数值范围的判断标准将其判定为修改超范围，而应当按照马库什的判断标准进行判定。

四、话题的延伸

从本文上述对“碳原子数的范围”的论述过程和结论来看，考虑到有关“碳原子数的范围”的内容具有特殊性，笔者认为《专利审查指南2010》中以下部分值得商榷。

《专利审查指南2010》第二部分第十章第5.1节的规定：

5.1 化合物的新颖性

……

（2）通式不能破坏该通式中一个具体化合物的新颖性。一个具体化合物的公开使包括该具体化合物的通式权利要求丧失新颖性，但不影响该通式所包括的除该具体化合物以外的其他化合物的新颖性。一系列具体的化合物能破坏这系列中相应的化合物的新颖性。一个范围的化合物（例如 $C_{1\sim4}$）能破坏该范围内两端具体化合物（C_1 和 C_4）的新颖性，但若 C_4 化合物有几种异构体，则 $C_{1\sim4}$ 化合物不能破坏每个单独异构体的新颖性。

笔者认为，在上述判断新颖性的例子中，认定“$C_{1\sim4}$”这样的文字记载内容仅公开了 C_1 和 C_4 而没有公开 C_2 和 C_3，既不合常理也不符合申请人的初衷。如果在申请时不采用“$C_{1\sim4}$”的书写方式而采用具体的书写方式“C_1、C_2、C_3、C_4”，则不存在上述问题。然而，这恰恰表明了该项（2）的判断标准值得商榷。

笔者揣测，在制定《专利审查指南2010》中的上述标准时，也许制定者是基于以下两种想法之一：

第一种，制定者认为，“通式化合物”是连续变化的数值范围。进而，也认为“$C_{1\sim4}$”是连续变化的数值范围。但是，根据本文的上述论述可知，“$C_{1\sim4}$”并不是连续变化的数值范围，所以此种想法并不正确。

第二种，制定者认为，“通式化合物”包含着很多个化合物，虽然达不到无限个，但从具体操作层面来看，由于有其不可确定性，所以对于“通式化合物”采用了类似于“连续变化的数值范围”的判断标准。但是，其前提条件是“通式化合物”包含着很多个化合物，有不确定性。例如，“通式化合物”中有几个变量，每个变量又包含了很多取代基，据此得到的具体化合物可能很多，此时采用类似于“连续变化的数值范围”的判断标准，笔者也认为较为合理。然而，当“通式化合物”包含的具体化合物很少时，例如其所举的例子“$C_{1\sim4}$”，其前提条件“很多”已经不存在，但还采用上述标准，就值得商榷了。

因此，笔者认为该项（2）的规定不尽合理，值得商榷，如果可能的话应该对“通式不能破坏该通式中一个具体化合物的新颖性”中的“通式”进行细化。

五、总　　结

化学领域中的“碳原子数范围”不属于连续变化的数值范围，鉴于此种情况，在申请人对“碳原子数范围”进行修改而需要对该修改进行是否超范围的判断时，不应按照连续变化的数值范围的判断标准来分析认定，而应当按照马库什的判断标准进行分析认定。

推而广之，对于书写方式类似于数值范围的技术特征，在对其进行是否修改超范围的判断时，应该首先甄别其是连续变化的数值范围，还是离散的、有一定规律可循的数值的集合。前者按照连续变化的数值范围的判断标准分析认定，后者则应当按照马库什的判断标准进行分析认定。

参考文献

［1］尹新天．中国专利法详解［M］．北京：知识产权出版社，2011：410－621．

［2］中华人民共和国国家知识产权局．专利审查指南2010［M］．北京：知识产权出版社，2010：158－160，246－247，282－283．

创造性判断中的“事后诸葛亮”之深度解构

刘　耘*

【摘　要】

专利创造性判断中避免“事后诸葛亮”一直是专利审查中挥之不去的“紧箍咒”。《专利审查指南2010》仅仅以“应当牢牢记住”方式提醒审查员在专利审查中避免“事后诸葛亮”。本文试着引入心理学的“后见之明”效应的内涵、机制以及最新研究成果，深度解构专利创造性判断中的“事后诸葛亮”，指出专利创造性判断中的“事后诸葛亮”的内容包括必然性和可预见性，在严格证据规则审查中并不存在“事后诸葛亮”的空间，指出“事后诸葛亮”存在于审查员的推理和分析中，将面对各种可能性的发明演变成必然性推理，将申请日前无法预见的技术问题、技术手段和技术效果演变成可预见的，最后根据最新研究成果提出专利创造性判断中避免“事后诸葛亮”的七大应对之策。

【关键词】

“事后诸葛亮”的内容　“事后诸葛亮”在专利审查中的表现
避免“事后诸葛亮”的应对之策

* 作者单位：北京东方亿思知识产权代理有限责任公司。

一、心理学中的“后见之明”效应理论简述

心理学中经常讲述这样的常见故事：患者去医院就诊，A 医生给其作了放射检查，没有发现异常。三年后，该人又去医院检查，发现肿瘤，B 医生说发现太晚，并声明三年前拍的片子上可以看出肿瘤。于是，该人将 A 医生告上法院控告其玩忽职守。在法庭上，B 医生作为证人出庭作证陈述 A 医生在看三年前的 X 光时就该发现这个肿瘤了。从心理学上看，知道结果的 B 医生受到后见之明效应的影响看出肿瘤的概率比不知道结果的 A 医生大。因而，知道结果的 B 医生在法院所作的陈述并不客观。

人们在知道事件的结果比不知道结果的情况下判断这个结果可能发生的概率更大，心理学上称为“后见之明”效应、后见之明偏见、后见偏见或者后见偏差（hindsight bias）。英国的谚语“星期一清晨的四分卫”（意思是周日晚上看完橄榄球赛之后周一早上谈论球赛，好像早知结果似的，早在他们的预料之中）和中国的成语“事后诸葛亮”均表达了相同含义。这说明古今中外都认识到这样的心理现象。

Fishchhoff 最早于 1975 年对后见之明作了实验研究❶，并将后见之明定义为后见判断（知道事件结果后的判断）与先见判断（不知道事件结果时的判断）的系统差异。

研究人员将后见之明的内涵归纳如下：

（1）必然性。一个人知道了事件的结果，比以前没有知道结果，认为事情更可能发生，是必然，不可避免的。例如，“结果肯定是那样的”“事情不可能会是其他结果”。

（2）可预见性。是指一个人相信自己在过去就知道这些事情将要发生，例如，“我一直都知道”“我早就告诉过你”。在大量的文献研究中，许多研究人员都使用“我早就知道效应”（know - it - all - along effect）代替后见之明效应。

（3）记忆扭曲。它是指一旦知道结果后，人们会扭曲记忆，使得记忆判断更加趋近于被告知的结果。例如，Hoffrage 等人把后见之明偏见定义为：知道结果后，人们还记得的判断结果通常趋向于被告知的结果。

---

❶ Fischhoff B. Hightsight≠foresight; The effect of outcome knowledge on judgement under uncertainty [J]. Journal of Experimental Psychology: Human Perception and performaqnce, 1075, 1: 288 - 299.

可见，“后见之明”效应使人高估了自己对事件的必然性和可预见性判断。

研究表明“后见之明”效应具有普遍性和稳固性的特点。

关于“后见之明”效应的形成机制，目前解释后见之明的模型主要有：由 Pohl 等人于 2003 年提出的 SARA 模型（Selective Activation and Reconstructive Anchoring Model）、Hoffrag 等人于 2000 年提出的反馈择优重建模型、Pezzo 等人 2007 年提出的推理模型和动机推理模型、Blank 于 2007 年提出因果模型理论，Sanna 于 2007 年提出的元认知模型，这些模型从不同的侧面成功地解释了后见之明。

其中，因果模型理论认为，人们最后会倾向于根据结果为线索对信息作有偏向的搜索，从而使得人们提取出更利于解释结果的信息或条件，并通过一定的推理、解释等方法来增强条件与结果之间的关系，最后，人们提高了对于结果发生真实程度的认知❶。

二、专利创造性判断中的“后见之明”效应

（一）审查程序上先阅读申请文件后判断创造性客观上给“后见之明”效应的产生提供了可能

在进行专利创造性“三步法”判断之前必须阅读申请文件。中国《专利审查指南 2010》规定：

“审查员在开始实质审查后，首先要仔细阅读申请文件，力求准确地理解发明。”

“每一件发明专利申请在被授予专利权之前都应当进行检索。检索是发明专利申请实质审查程序中的一个关键步骤，其目的在于找出与申请的主题密切相关或者相关的现有技术中的对比文件。”

可见，专利审查程序决定了先阅读申请文件并理解发明，再检索找出与申请的主题密切相关或者相关的现有技术中的对比文件，然后进行创造性“三步法”判断。因此，在专利审查过程中，审查员是以事后分析的眼光来回看发明的过程，并判断创造性的。

❶ 张昕. 大学生后见之明偏见与其影响因素研究［D］. 重庆：西南大学，2014：8.

（二）在审查实践中很早就认识到“后见之明”效应对创造性判断的不利影响

最早在美国的1911年的Diamond Rubber案中，美国最高法院明确地批评了事后眼光（hindsight）对创造性判断的影响。该案的麦肯纳（McKenna）法官拒绝使用“事后诸葛亮”的眼光判断是否显而易见，并表示马后炮总是容易的。问题一旦解决了，就不再有困难。新事物常常看起来就在眼皮子底下，唾手可得，常人只要稍微注意一点就能发现，但法律对于专利的显而易见判断却设定了不同于精明推测的标准。[1]

为了避免事后眼光，美国审查指南规定，为了正确地判断创造性，审查员必须回到正好在发明作出之前发明还不为人所知之时……为了作出判断，申请人所公开的知识必须抛到一边。创造性判断的本来程序使得根据申请人公开的内容很难避免产生事后眼光。然后，事后眼光是不允许的，必须被避免。[2]

欧洲专利局上诉委员会在T564/89中认为：一旦发明作出了，往往很容易证明本领域技术人员在主观上能够结合现有技术的各个技术特征作出发明，但这种分析是事后眼光的产物，应当予以避免。

中国《专利审查指南2010》规定：审查发明的创造性时，由于审查员是在了解了发明内容之后才作出判断，因而容易对发明的创造性估计偏低，从而犯“事后诸葛亮”的错误。审查员应当牢牢记住，对发明的创造性评价是由发明所属技术领域的技术人员依据申请日以前的现有技术与发明进行比较而作出的，以减少和避免主观因素的影响。

（三）专利创造性判断中的“后见之明”效应的内涵

专利创造性判断中，“后见之明”效应是指审查员在审查发明的创造性时，由于审查员是在了解了发明内容之后才作出创造性判断，相比不了解发明内容的情况，更可能判断这个发明是显而易见的（容易对发明的创造性估计偏低）。专利创造性判断中“后见之明”效应包括以下两个方面的内容：

（1）由于“后见之明”效应，审查员过高地估计本领域技术人员获得本发明技术方案的必然性。

审查员从最接近的对比文件出发，面对实际要解决的技术问题，由于已经

---

[1] 220 U. S. 428，430（1911）.

[2] MPEP § 2141.03.

看到技术方案，在“后见之明”效应的作用下认为想到区别技术特征是必然的，不可避免的。例如，“结果肯定是那样的”“不可能会是其他结果”。

（2）由于“后见之明”效应，审查员过高地预见本领域技术人员实际要解决的技术问题、作为发明点的技术手段以及技术效果。

由于已经看到技术方案，在“后见之明”效应的作用下，审查员将申请日之前无法认识到的技术问题、无法想到的区别技术特征以及技术效果认定为申请日之前早就知道。例如，“我在申请日之前早就知道该技术问题、技术手段和技术效果”。

（四）专利创造性判断中的“后见之明”效应形成机制

根据“后见之明”因果模型理论，在专利创造性判断中，审查员首先会倾向于以已经理解的技术方案为线索在自己所掌握的技术信息中进行有偏向的寻找，从而使得审查员提取出更利于解释技术方案的技术信息或条件，并通过一定的推理、解释等方法来增强该技术信息或者条件与技术方案之间的关系，最后，审查员提高了对于获得本发明的技术方案的真实程度的认知。

可见，在“后见之明”效应作用下，审查员会从已经看到的发明技术方案出发来寻找自己所掌握的技术信息或条件与该技术方案之间的因果关系。

根据中国《专利审查指南 2010》规定，如果发明是所属技术领域的技术人员在现有技术的基础上仅仅通过合乎逻辑的分析、推理或者有限的试验可以得到的，则该发明是显而易见的，也就不具备突出的实质性特点。

因此，一旦审查员通过分析、推理找到自己所掌握的技术信息或条件与该技术方案之间的因果关系，就会认为该发明对于本领域技术人员而言在申请日前是必然能实现的，或者技术问题、作为发明点的技术手段以及技术效果对于本领域技术人员而言在申请日前早就知道，因而发明是显而易见的。

三、“后见之明”效应在专利审查中的表现

“后见之明”效应客观地存在于专利审查实践中，然而，并不是所有的专利审查实践都存在“后见之明”效应。从审查证据规则的角度可以将专利创造性判断分为“严格证据规则”的专利创造性判断和“非严格证据规则”的专利创造性判断。

（一）在“严格证据规则”的专利创造性判断中，不存在“后见之明”效应的空间

在“严格证据规则”的专利创造性判断中，要求现有技术以文字的方式

公开技术特征及其技术效果，要求区别技术特征及其作用在现有技术中以文字的方式公开，因而，审查员在此判断过程中基本上不需要借助于本领域技术人员的推理和分析能力直接就能很容易地作出客观的判断。

由于基本上不需要借助本领域技术人员的能力，因此不存在"后见之明"效应的空间。

（二）在"非严格证据规则"的专利创造性判断中，本领域技术人员的能力介入给"后见之明"效应的产生提供了发挥的空间

在"非严格证据规则"的专利创造性判断中，允许审查员在现有技术的基础上仅仅通过合乎逻辑的分析、推理来判断该发明是否显而易见。因此审查过程中本领域技术人员的能力的介入给"后见之明"效应的产生提供了发挥的空间，具体表现在以下几方面。

1. 在"后见之明"效应的作用下，将面对各种可能性的发明演变为必然性推理

发明人面对本发明实际要解决的技术问题时面对可能性多，而审查员因"后见之明"效应而将发明过程演变成必然性推理，认为从现有技术中想到技术问题、从技术问题想到技术手段及其效果都是必然，不可避免的。

例如，在申请号为200780003223.1、发明名称为"极管"的复审案（第86550号复审决定）中，独立权利要求1所要求保护的技术方案与对比文件1相比，区别在于"进行端面的成形的具体方式为：即接合件（2、4、6）的电阻在待熔化的接合区域（34、36）中基本相同，其中，由比电阻较小的材料所构成的接合件在端侧具有比由比电阻较大的材料所构成的另一接合件更小的横截面"。

实审审查员在驳回决定中认为：对比文件2公开了一种熔接方法，并具体公开了"进行端面的成形的具体方式为：一端的接合件3a在端侧具有比另一端的另一接合件4更小的横截面"，且其在对比文件2中所起的作用与其在本申请中所起的作用相同，都是用于减少空隙，即该对比文件给出了在端面成型时两接合件采用不同的横截面积的特征应用到对比文件1中以进一步解决其技术问题的启示；为焊接均匀，对熔点大致相同的材料施加大致相同的热量是本领域的惯用技术手段（单位时间热量大致相同是本领域惯用技术手段）；考虑功率和电阻公式 $P = I^2R$，$R = \rho l/S$（P为单位时间热量，I为电流，R为电阻，ρ为比电阻，S为接合面截面积，l为长度），根据上述惯用技术手段，在焊接时两结合件的P大致相同，由于两接合件在焊接时电流I相同，因而两接合件

的电阻 $R = P/I^2$ 大致相同，即本领域技术人员根据上述公知常识容易想到“接合件的电阻在待熔化的接合区域中基本相同”而不需要付出创造性劳动，而接合件的截面积 $S = \rho l/R$，在 R 相同的情况下，S 与比电阻 ρ 成正比，因而本领域技术人员根据上述公知常识容易想到“比电阻较小的材料所构成的接合件在端侧具有比由比电阻较大的材料所构成的另一接合件更小的横截面”而不需要付出创造性劳动。

在申请人提交复审请求，且未修改权利要求之后，审查员在前置审查意见书中进一步指出：（1）对比文件 2 中的软质体 3 和座面 4a 进行了直接焊接，其属于本领域意义上的结合件，由于权利要求 1 并未限定各结合件的具体材料成分或特性，并不能排除具有相对软质的结合件的焊接，因而对比文件 2 给出焊接采用不同横截面进行焊接的技术启示；（2）焊接质量问题考虑由接合件中不均衡的热量输入引起属于本领域的惯常考虑，在此基础上本领域技术人员容易想到采用审查意见通知书中提及的公知常识进而在对比文件基础上限定截面积的大小而不需要付出创造性劳动。因而坚持原驳回决定。

对此，合议组认为：（1）对比文件 2 采用不同横截面进行焊接所起的作用与本申请中采用不同材料的结合件横截面不同的技术手段所要解决的技术问题不同，因此对比文件 2 没有给出采用不同横截面进行焊接的技术启示；（2）本领域技术人员在对比文件 1 的基础上需要多个创造性认识步骤才能获得本申请的技术方案。例如，本领域技术人员首先必须认识到结构部件轻微变形或热过载的焊接质量问题是由于在接合件中不均衡的热量输入引起的，本领域技术人员然后还需要继续研究在不同接合件中的热量输入情况，本领域技术人员需要发现这种不均衡的热量输入，并将其作为主要原因，本领域技术人员还需要得出具体实施方案，以在极管的通常不同金属构成的接合件中可靠地实现均衡的热量输入，避免热过载和组织变化，同时不影响用于升程磁铁的极管的接合件的磁特性，即便本领域技术人员能想到改变例如金属的电阻，也仍然存在多种可能方案，例如改变材料本身特性或者采用其他方法来匹配电阻，而不必然意味着会采用本申请所提出的改变横截面的技术手段来实现热量输入的均衡（见表 1）。

由于“后见之明”效应容易进行必然性推理，这为各国专利实践所诟病。正如欧洲专利局上诉委员会在 T61/90 中所述：一种技术手段的固有特性对于普通技术人员是已知的，因而将其用在一个传统的装置上对于普通技术人员具有智力上的可能性，这一事实只能确定以这样的方式使用这样技术手段的可能性，即普通技术人员有能力使用它。但是如果要认定上述智力上可能性是普通技术人员可以明显使用的技术措施，则有必要说明在已经技术中存在一种可识别的启示，该启示指导人们将上述已知的技术手段组合到上述传统的装置中以获得所欲达到的技术目的。

表1　审查思路对比表

<table>
<tr><th></th><th>实审审查员</th><th>专利复审委员会</th></tr>
<tr><td rowspan="5">推理思路</td><td>对比文件2采用不同横截面进行焊接</td><td>对比文件2没有给出采用不同横截面进行焊接的技术启示</td></tr>
<tr><td>焊接质量问题考虑由接合件中不均衡的热量输入引起属于本领域的惯常考虑</td><td>需要认识到结构部件轻微变形或热过载的焊接质量问题是由于在接合件中不均衡的热量输入引起的</td></tr>
<tr><td>对熔点大致相同的材料施加大致相同的热量是本领域的惯用技术手段</td><td rowspan="3">为了在极管的通常不同金属构成的接合件中可靠地实现均衡的热量输入，即便本领域技术人员能想到改变例如金属的电阻，也仍然存在多种可能方案，而不必然意味着会采用本申请所提出的改变横截面的技术手段来实现热量输入的均衡</td></tr>
<tr><td>根据功率和电阻公式容易想到“接合件的电阻在待熔化的接合区域中基本相同”</td></tr>
<tr><td>根据截面积公式容易想到“比电阻较小的材料所构成的接合件在端侧具有比由比电阻较大的材料所构成的另一接合件更小的横截面”</td></tr>
<tr><td>分析结论</td><td>在“后见之明”效应的作用下，将对比文件2结合公知常识结合起来进行必然性推理，获得权利要求1的区别技术特征中各个技术特征</td><td>客观地分析了技术问题的背后的原因，分析了发明面对的多种可能方案，避免了“后见之明”效应</td></tr>
</table>

2. 在“后见之明”效应的作用下，将申请日前无法预料的判断分析演变成可预见的判断分析

本领域技术人员具有一定预测的能力，中国《专利审查指南2010》规定：

如果所属技术领域的技术人员无法根据现有技术预测发明能够实现所述用途和/或使用效果，则说明书中还应当记载对于本领域技术人员来说，足以证明发明的技术方案可以实现所述用途和/或达到预期效果的定性或者定量实验数据。

如果所属技术领域的技术人员可以合理预测说明书给出的实施方式的所有

等同替代方式或明显变型方式都具备相同的性能或用途，则应当允许申请人将权利要求的保护范围概括至覆盖其所有的等同替代或明显变型的方式。

但是，“后见之明”效应提高了审查员的预见能力，具体地：

（1）将申请日前无法预料的技术问题演变为可预见的技术问题

例如，在申请号为 201010190813.3 的发明名称为“割草机”的复审案（第 85506 号复审决定）中，权利要求 1 的技术方案实际解决的技术问题为：将围绕轴体旋转的草屑导向壳体的外周边、同时将草屑导入所述草屑输送通道，从而阻止草屑堵在轴体周围。

原审查部门在前置审查意见书中认为：首先，本领域技术人员已知晓柯恩达效应，即流体有离开本来的流动方向，改为随着突出的物体表面流动的倾向；其次，对比文件 2 公开了导向件 70，其尾部 71 向上且向着草屑输送通道 21 弯曲，并位于草屑输送通道 21 的入口处，导向件 70 在对比文件 2 中所起的作用为引导气流方向，从而使草屑平稳流入储存容器中；同时，草屑堆积问题是本领域技术人员已经知晓的。因此，在对比文件 2 公开的具有导向件 70 的基础上，本领域技术人员容易想到利用柯恩达效应的原理设计一个导向件，引导气流方向，从而解决草屑在轴体附近堆积的技术问题。

对此，合议组则认为：首先，由于对比文件 1、2 中均没有给出通过“设置三角形导向件”来解决草屑堆积问题的任何技术启示，即对比文件 1、2 均没有就现有技术中存在的“越靠近轴体，草屑的旋转速度越低，位于刀片轴体周围的低速旋转的草屑会堵在轴体周围”这一技术问题而提出一个解决方案；进一步地，即使本领域技术人员已经知晓“柯恩达效应”这一物理理论，但由于没有意识到现有技术中存在草屑在轴体周围容易堆积的技术问题亟须解决，因此，不会产生利用该柯恩达效应理论作为指导，设计出具有本申请的导向件的结构的部件来解决上述草屑堆积的技术问题的动机（见表 2）。

表 2　审查思路对比表

	实审审查员	专利复审委员会
推理思路	对比文件 2 公开的具有导向件 70 在对比文件 2 中所起的作用为引导气流方向，从而使草屑平稳流入储存容器中	对比文件 1、2 中均没有给出通过“设置三角形导向件”来解决草屑堆积问题的任何技术启示
	本领域技术人员已知晓柯恩达效应	即使本领域技术人员已经知晓“柯恩达效应”这一物理理论
	草屑堆积问题是本领域技术人员已经知晓的	没有意识到现有技术中存在草屑在轴体周围容易堆积的技术问题亟须解决

续表

	实审审查员	专利复审委员会
推理结论	在对比文件2公开的具有导向件70的基础上，本领域技术人员容易想到利用柯恩达效应的原理设计一个导向件，引导气流方向，从而解决草屑在轴体附近堆积的技术问题	不会产生利用该柯恩达效应理论作为指导，设计出具有本申请的导向件的结构的部件来解决上述草屑堆积的技术问题的动机
分析结论	在“后见之明”效应的作用下将申请日之前无法预见到的技术问题认定为本领域技术人员已经知晓的技术问题，从而得出发明是容易想到的结论	认为本领域技术人员没有意识到现有技术中存在草屑在轴体周围容易堆积的技术问题亟须解决，避免了“后见之明”效应

（2）将申请日前无法预料的技术手段演变为可预见的技术手段

在专利审查实践中，审查员有时在“后见之明”效应作用下经常将区别技术特征认定为申请日之前就知道的技术手段。

例如，在国家知识产权局的《审查操作规程2011》中提及的案例：权利要求1：一种印刷设备，其特征是部件A采用不易变形的材料B。发明人发现纸张跑偏的原因是印刷机使用一段时候后其中的部件A产生变形。对比文件1公开了类似的设备，具有部件A。权利要求1相对于对比文件1的区别技术特征是部件A使用材料B制造。

在审查实践中，会错误地认为采用不易变形的材料B来替换部件A是容易想到的技术手段、惯用的技术手段、“常规的技术选择等；实际上，采用不易变形的材料B实现“印刷时纸张不易跑偏”的技术效果在申请日之前是无法预料的。从“后见之明”效应的角度来看，是因为审查员在阅读了专利申请文件之后提高对该区别技术特征的预见能力。

（3）将无法预料的技术效果演变为可预见的技术效果

中国《专利审查指南2010》规定：如果发明与现有技术相比具有预料不到的技术效果，则不必再怀疑其技术方案是否具有突出的实质性特点，可以确定发明具备创造性。发明取得了预料不到的技术效果，是指发明同现有技术相比，其技术效果产生“质”的变化，具有新的性能；或者产生“量”的变化，超出人们预期的想象。这种“质”的或者“量”的变化，对所属技术领域的技术人员来说，事先无法预测或者推理出来。

然而，在专利审查实践中，对于非化学类技术领域的发明申请，要去争辩发明的技术效果是预料不到是非常困难的，因此申请人很少在意见陈述中去争辩技术效果是预料不到。

四、后见之明的最新研究成果与应对之策

显然，“后见之明”效应已经影响到了创造性判断结论，因此在专利审查实践中必须避免“后见之明”效应。中国《专利审查指南2010》仅仅以“应当牢牢记住”方式提醒审查员在专利审查中避免“事后诸葛亮”，这在专利审查实践中这是远远不够的。结合当前最新的心理学后见之明效应的研究成果，本文建议从以下几个方面来避免“后见之明”效应。

（一）要慎重对待审查的时间距申请日的时间较长的案件审查

研究发现，随着时间的递进，某些细节变得模糊或者消失，剩下的只是某些抽象的要点或者特质。随着时间和相应判断的时间拉长，后见之明的偏见程度也会增加。这个结论也反映出情景记忆的重建特点。❶

因此，对于时间跨度比较大的案件审理，例如，审查的时间距申请日（或优先权日）长达5~10年，由于新兴技术，例如通信和互联网技术等日新月异，5~10年前未知的技术知识，到当前审查的时间早已是公知常识。因此，审查的时间距申请日的时间越长，越容易发生“后见之明”效应，因此在此类申请案的审查过程中不能简单地断言公知常识，要更多地依赖于现有技术的证据。

（二）对技术构思不能过度依赖

研究发现，对摘要依赖越多，越容易因为后见之明偏见抽象出一个过分简单的画面❷。

在审查过程中，审查员一般通过概括技术构思找出发明点来评价发明的创造性。然而，有的时候过度依赖技术构思会将技术方案简单化，从而容易发生“后见之明”效应，简单地断言区别技术特征是公知常识。因此，在审查过程中，既要合理运用技术构思进行审查，也不能过度依赖技术构思，还要反复研读技术方案，从技术方案的整体来评价创造性。

（三）设置辅助审查制度

“后见之明”效应使得专利审查员在看到发明的技术方案后低估了创造性

---

❶❷ 张昕. 大学生后见之明偏见与其影响因素研究［D］. 重庆：西南大学，2014：48.

的高度，从而影响了对发明申请的创造性的判断。因此可以尝试辅助审查方式，向没有看到发明的技术方案的其他审查员寻求帮助。例如，将最接近的对比文件以及发明要解决的技术问题交给该审查员，该审查员只获得最接近的对比文件、本发明实际要解决的技术问题，对区别技术手段、技术效果并不知情，看能否根据所知晓的普通技术知识获得本发明的技术方案。由于该辅助审查员未看见专利申请的技术方案，因而其判断结果完全不会受到"后见之明"效应的影响，然后将该判断结果作为重要的依据交给最终的审查员。

（四）关注其他可能性结果

研究发现，相对于未获结果的情形，后见偏差被认为至少是部分地源于对已获结果在有效性利用的不平衡。因而，可以讲判断者的注意力集中到其他可供选择的结果，能减小后见偏见的产生。

因此，在审查过程中要同等程度地关注其他可能的结果，将注意力分散于其他可能性结果，以避免对已知结果的过度关注。例如，审查员应当更多地关注其他可能的技术方案，避免将发明面对的多种可能性演变成必然性推理。

（五）对推理中的因果关系要反复推敲

研究发现，如果一个人可以成功地运用因果模型来解释事情的结果，那么他们预测结果发生的必然性就会越大。如果他们不能找到任何因果模型来解释出现的原因，后见之明偏见产生就小❶。

在专利审查中，审查员对于公知常识、惯用技术手段常常不是运用证据去证明而是采用推理的方式来论证，如果因果关系的推理成功，则审查员就认定该区别技术特征是公知常识；然而如果因果关系推理失败，则后见之明效应的产生就小。因此，审查员对公知常识的推理的因果关系要反复推敲，避免"后见之明"效应。同时，申请人也要在意见陈述中对公知常识推理的因果关系进行质疑。

（六）案前及时地提示

研究发现，通过指导语直接告知决策者可能会有后见效应，请决策者多加注意。

正如中国《专利审查指南2010》指出的，审查员应当牢牢记住，对发明的创造性评价是由发明所属技术领域的技术人员依据申请日以前的现有技术与

❶ 张昕. 大学生后见之明偏见与其影响因素研究［D］. 重庆：西南大学，2014：42.

发明进行比较而作出的，以减少和避免主观因素的影响。

然而，“牢牢记住”仅仅是基本要求，在专利审查实践中可以在审查员办公室、办公桌、审查案卷的封面上以醒目的方式提示审查员，避免“后见之明”效应。同时，申请人也要根据审查情况在意见陈述中及时地提示审查员避免“后见之明”效应。

（七）充分发挥小组会审和合议组会审的作用

研究发现，通过利用小组判断来减小“后见之明”效应。

在专利审查实践中，实审审查中的小组会审和复审审查中的合议组会审能减小“后见之明”效应。但是在实际操作中，常常以汇报来代替会审，不能充分发挥减小“后见之明”效应的作用，因此，建议在会审过程中，要鼓励小组和合议组各个成员独立思考，独立判断，并充分地发表自己的意见。

总之，专利创造性判断中避免“事后诸葛亮”永远是专利审查中挥之不去的“紧箍咒”，中国《专利审查指南2010》以“应当牢牢记住”方式提醒审查员在专利审查中避免“事后诸葛亮”是远远不够的，结合“后见之明”效应理论来深入探讨避免“事后诸葛亮”的规律，这对提高专利审查质量无疑具有重大的意义。

参考文献

[1] 杜建政．后见之明研究综述［J］．心理科学进展，2002，10（4）：383－386.

[2] 谢新．后见之明偏差的研究新进展［J］．科教导刊（电子版），2015（5）：186－186.

[3] 彭慰慰．法律决策中的后见偏差［J］．长沙大学学报，2010，24（1）：57－59.

[4] 彭慰慰．法律决策中案件相关性及消减策略对后见偏差的影响［J］．心理与行为研究 2013，11（4）：541－546.

[5] 彭慰慰．模拟法官决策中心理控制源对后见偏差的影响［J］．心理科学，2012，35（2）：498－502.

[6] 魏知超．后见之明偏差形成机制研究［D］．上海：华东师范大学，2011.

[7] 彭聃龄．普通心理学［M］．修订版．北京：北京师范大学出版社，2001.

[8] M. W. 艾森克，M. T. 基恩．认识心理学［M］．5版．高定国，译．上海：华东师范大学出版社，2009.

[9] S. E. TAYLOR，L. A. PEPLAU，D. O. SEARS．社会心理学［M］．10版．谢晓非，等，译．北京：北京大学出版社，2004.

［10］M. 艾森克. 心理学——一条整合的途径［M］. 阎巩固，译. 上海：华东师范大学出版社，2000.
［11］石必胜. 专利创造性判断研究［M］. 北京：知识产权出版社，2012.
［12］黄希庭. 心理学导论［M］. 北京：人民教育出版社，1991：418.
［13］朱智贤. 心理学大词典［M］. 北京：北京师范大学出版社，1989.
［14］中华人民共和国国家知识产权局. 专利审查指南 2010［M］. 北京：知识产权出版社，2010.
［15］张昕. 大学生后见之明偏见与其影响因素研究［D］. 重庆：西南大学，2014.

论专利领域创造性判断中“技术启示”的本质内涵

郑建华*

【摘　要】

《专利法》第22条第3款对于创造性作出了原则规定，但可操作性差；《专利审查指南2010》第二部分第四章第3节给出了操作性强的“三步法”判断方法，审查部门对于创造性的质疑主要据此作出。然而，对于“三步法”中的“技术启示”，则仁者见仁，智者见智，使本应客观的创造性判断更加趋向于主观化，申请人与审查者之间的紧张也主要集中于此。本文结合真实发明申请案例，从遵循技术方案的整体性、客观性出发，试图揭示“技术启示”的本质内涵，为创造性的判断增加说服力和可信度。

【关键词】

创造性　技术方案　启示的技术方案　技术启示

一、引子：发明申请案例和相应的审查意见通知书

为了节省篇幅，本文对原申请案及审查意见通知书进行了相应删节，但保

* 作者单位：成都九鼎天元知识产权代理有限公司。

留并突出了重点内容。

原发明申请案：《一种增压器支架》，其构造如图1所示：

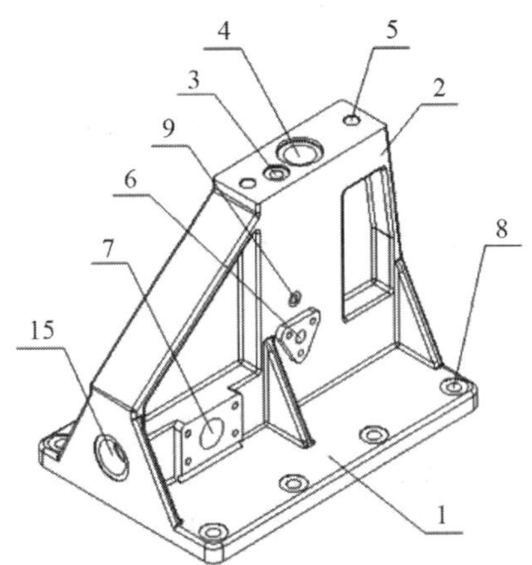

图1　一种增压器支架示意图

在原始说明书中，其声明的本发明所要解决的技术问题是：提供一种结构紧凑、加工便利、消耗材料少，能同时满足支撑强度高和内部输送机油的新型增压器支架。

与图1相对应的独立权利要求是：

1. 一种增压器支架，其特征在于：包括底座（1）和支架主体（2）两部分，所述支架主体（2）垂直立于底座（1）上，支架主体（2）顶端面开设有增压器进油口（3）、增压器出油口（4）和增压器紧固螺栓孔（5），支架主体（2）前端面开设有支架进油口（6）、支架出油口（7），其中支架进油口（6）和增压器进油口（3）之间、增压器出油口（4）和支架出油口（7）之间通过支架主体（2）内部铸造成型的内置油道连通，所述底座边缘开设有若干支架紧固螺栓孔（8）。

在实质审查过程中，审查员根据其检索到的唯一对比文件（JP 特开 2002－115555A）发出了第一次审查意见通知书，指出上述的权利要求1不具备创造性。其主要的审查意见归纳起来，有如下三点：

（1）对比文件具体公开了如下技术特征（参见说明书第0020－0028段及图1－3；说明一下：由于下述的审查意见内容比较详细，不依赖于图1－3也能理解其技术方案，故此处省略了图1－3）：包括底座31A和支架主体31两部分，所述支架主体垂直立于底座上，支架主体顶端面开设有增压器紧固螺栓孔，所述底座边缘开设有若干支架紧固螺栓孔，用于引导冷却水至增压器的若干管道311可以设置在支架内部，同样可以适用于机油，由此可以取消复杂的管道结构。

（2）权利要求1与对比文件的区别特征在于：支架主体顶端面开设有增压器进油口、增压器出油口，支架主体前端面开设有支架进油口、支架出油口，其中支架进油口和增压器进油口之间、增压器出油口和支架出油口之间通过支架主体内部铸造成型的内置油道连通。

基于上述区别特征，可以确定权利要求1实际解决的技术问题是实现内部输送机油、简化管道。

（3）对于该区别特征，对比文件公开了冷却水从支架冷却水入口311A通过冷却用流路311从支架冷却水出口流出，再经冷却水管42流入增压器，由此通过将管道设于支架内部来取消复杂的管道结构，上述方式同样适用于机油，机油从支架机油进油口通过内置油道从机油出油口流出，再经机油管流入增压器……因此本领域的技术人员能够由对比文件公开的上述内容得到技术启示，有动机取消支架外部的冷却水管/机油管，使得管道更加简化，由此本领域的技术人员容易想到将机油从支架直接流入增压器，再将润滑后的机油从增压器直接流入支架内，最终从支架出口排出……通过支架主体内部铸造成型的内置油道连通，从而实现上述机油的流入流出方式，从而实现简化管道的目的，这完全在本领域技术人员的常规能力范畴内。因此，在该对比文件基础上结合公知常识以获得该权利要求1所要求保护的技术方案，对所属技术领域的技术人员来说是显而易见的，因此该权利要求1所要求保护的技术方案不具备创造性。

上述的创造性判断思路当然严格地遵循了《专利审查指南2010》给出的“三步法”判断思路，笔者认为，这类审查意见是最常见、也是申请人收到最多的有关创造性质疑的典型审查意见，故本文的探讨也因此具有一定的针对性。为方便叙述，将该类“有关创造性质疑的典型审查意见通知书”简称为“典型创造性审查意见”，下文同。

二、典型创造性审查意见的误区分析

笔者认为，这类典型创造性审查意见至少存在如下误区：

误区1：审查者在判断作为现有技术的对比文件中是否存在“技术启示”时，已经设定了判断前提：本来只是存在于本发明中的技术特征（即相应的区别技术特征，属于技术手段）同样可以适用于对比文件所公开的技术方案，其在对比文件中就可以顺理成章地解决本发明实际所要解决的技术问题。

误区 2：“本领域的技术人员容易想到”的判断，偏离了对比文件中客观公开的技术信息（包含技术问题、技术手段、技术效果等技术信息）的范围，主要是审查员认为本发明实际所要解决的技术问题在对比文件中“天然地”存在着，即上述相应的区别技术特征在本发明中实际所起的作用在对比文件中必然同样存在，从而对现有技术中公开的技术信息进行了扩大化理解。

对于上述误区，笔者认为，这是典型的“先入为主”式逻辑推理怪圈，违背了唯物主义认识论“存在决定意识”的基本原理，使本应客观的创造性判断更趋于主观推测式判断，最终引发了申请人与审查员之间的紧张，进而使社会公众对专利审查产生执法任性的合理怀疑。

这个逻辑推理怪圈是：一方面，审查员承认了本发明相对于最接近的现有技术的区别技术特征是客观存在的，也就是说，本领域技术人员在事先没有看到本发明的技术方案的前提下，即使得到了该最接近的现有技术，其根据该最接近的现有技术所公开的技术信息也不能自然而然地就联想到上述的区别技术特征。另一方面，审查员又将该区别技术特征想当然地移植到该最接近的现有技术中，并将其在本发明中所起的作用也随之移植到该最接近的现有技术中，这样当然就可以解决本发明实际所要解决的技术问题，于是，审查员据此得出“容易想到的”、进而得出现有技术中“存在技术启示”的评价就显得顺理成章了（参见上述的典型创造性审查意见中如下内容，“用于引导冷却水至增压器的若干管道 311 可以设置在支架内部，同样可以适用于机油，由此可以取消复杂的管道结构”）。审查员的上述推理判断看似天衣无缝，实则漏洞连连，至少有：

第一，将管道设置在支架内部，这是本发明相对于最接近的现有技术的区别技术特征，其在该最接近的现有技术中是不存在的。但是，审查员还是在充分理解了本发明的技术方案的前提下，将本来属于本发明技术方案一部分的上述区别技术特征“先入为主”地移植到了现有技术中，然后以此作为推理判断的条件，相应得出的推理结论就是“由此可以取消复杂的管道结构”，而“取消复杂的管道结构”又是本发明的权利要求 1 实际解决的技术问题，因此，本领域技术人员当然是“容易想到的”了，现有技术中也当然是“存在技术启示”了。（参见上述的典型创造性审查意见中如下内容，“因此本领域的技术人员能够由对比文件公开的上述内容得到技术启示，有动机取消支架外部的冷却水管/机油管，使得管道更加简化，由此本领域的技术人员容易想到……（区别技术特征），从而实现上述机油的流入流出方式，从而实现简化管道的目的”。）

笔者请问：上述推理中“容易想到的”驱动力究竟是什么？如果没有这个驱动力，本领域技术人员如何“有动机取消支架外部的冷却水管/机油管，使得管道更加简化”呢？对此问题，审查员给出的答案正是上述的“在充分理解了本发明的技术方案的前提下，将本来属于本发明技术方案一部分的上述区别技术特征“先入为主”地移植到了现有技术中，然后以此作为推理判断的条件”。也就是说，审查员是在以非现有技术（本发明）作为评价创造性用的现有技术来评价同一非现有技术（本发明）的创造性，这在判断逻辑上根本说不通，也不符合《专利审查指南2010》关于创造性的判断标准。

第二，既然审查员确定了本发明相对于最接近的现有技术的区别技术特征，该区别技术特征在最接近的现有技术中就当然不存在。然而，在没有其他的现有技术公开上述的区别技术特征的前提下，审查员还是蹊跷地将上述区别技术特征“先入为主”地移植到了现有技术中，并根据上述区别技术特征所取得的技术效果推理判断出“由此可以取消复杂的管道结构”的结论。（参见上述的典型创造性审查意见中如下内容，“其中支架进油口和增压器进油口之间、增压器出油口和支架出油口之间通过支架主体内部铸造成型的内置油道连通，从而实现上述机油的流入流出方式，从而实现简化管道的目的，这完全在本领域技术人员的常规能力范畴内”。）

如果该内置油道的结构、功能在现有技术中也存在，则该判断自无问题。可问题是：该内置油道的结构、功能是在本发明中才公开的，属于非现有技术，而审查员恰恰又由此非现有技术作为推理基础，并根据其在本发明中才有的技术效果来得出“这完全在本领域技术人员的常规能力范畴内”的结论。由于“本领域技术人员的常规能力范畴”隶属于公知常识，因此，审查员的言外之意是本发明中的该内置油道的结构、功能属于公知常识。由此可见，审查员是将本来只存在于本发明中的区别技术特征重新设定为现有技术的一部分，并以该区别技术特征在本发明中才能够取得的技术效果在现有技术中也同样存在或者也同样成立作为判断出发点，由此得出本发明的技术方案是“容易想到的”，进而现有技术中也就存在技术启示，最终否定本发明的创造性。这样看来，审查员实际上是通过采用“这完全在本领域技术人员的常规能力范畴内”成功地规避了“公知常识”的举证责任，为其以本发明的技术方案是“显而易见”的理由来否定其具备创造性铺平了道路。

但是，上述逻辑推理怪圈显然无法解释如下问题：如果现有技术（包括最接近的现有技术）中确实没有公开区别技术特征，也无法举证区别技术特征是公知常识，那么，本领域技术人员究竟是如何在现有技术所公开的技术信息范围内“容易想到”该区别技术特征的呢？并且，其究竟是如何“容易想到”该区别技术特征在现有技术中所取得的技术效果恰好是对应着本发明实际所要解决的技术问题的呢？简言之，该“容易想到”的驱动力究竟是什么？

三、笔者对于上述“典型创造性审查意见”的答辩思路

为了以客观事实作为支撑来回答“‘容易想到’的驱动力究竟是什么”这个问题，笔者在此提供对于上述具体的“典型创造性审查意见”的答辩思路，归纳起来，主要有如下四点：

（1）坚持对客观的技术方案进行客观分析，筑牢客观的事实基础。在对比文件中，支架主体 31 分别通过给水管 42、排水管 43 与过给机 51 连接相通，且给水管 42、排水管 43 均是外置方式安装在支架主体 31 外部，而不是内置式安装。据此，可以明确的是，对比文件的支架主体 31 内部没有供冷却水通过的流道。因此，当其与过给机 51 连接时，给水管 42、排水管 43 就是必不可少的了。

而本发明的权利要求 1 中的增压器支架，其与增压器配合工作时，是将增压器安装于增压器支架之上，支架主体顶端面上的增压器进油口和增压器出油口分别与增压器上的进油口、出油口严密配合，机油通过支架进油口进入支架主体内部与增压器进油口连通的内置油道，再通过增压器进油口进入增压器内部进行润滑，完成后通过增压器出油口进入支架主体内部与支架出油口连通的内置油道，然后从支架出油口流出。由此可见，本发明的权利要求 1 中的增压器支架与增压器配合时，根本不涉及任何如同给水管 42、排水管 43 一样或者类似的外置管路，而且，也根本不需要给水管 42、排水管 43 来实现流路相通。

（2）在上述事实认定的基础上论述本发明的权利要求 1 实际所要解决的技术问题在对比文件中并不存在。具体而言：在对比文件中，由于支架主体 31 与过给机 51 连接时，给水管 42、排水管 43 是必不可少的，因此，给水管 42、排水管 43 的存在必然导致支架主体 31、过给机 51 周围管路比较繁杂，这说明对比文件中的支架显然是无法解决本发明实际所要解决的技术问题的。所

以，本领域技术人员在没有事先看到本发明的权利要求1技术方案的前提下，即使确实看到对比文件，也不能判断对比文件中存在本发明实际所要解决的技术问题，即本发明的权利要求1实际所要解决的技术问题在对比文件中并不存在。

（3）既然本领域技术人员从现有技术中无法得知本发明实际所要解决的技术问题，那么，本领域技术人员在事先没有看到本发明的权利要求1技术方案的前提下，即使确实得到对比文件，其也只能是在对比文件（现有技术）所客观公开的技术信息范围内思考：如何对对比文件中的给水管42、排水管43自身结构、形状、安装方式等进行技术改进，而根本不可能想到取消给水管42、排水管43甚至直接得到本发明的权利要求1中的增压器支架的技术方案。

综合上述的1、2、3分析，本发明的权利要求1的技术方案对于本领域技术人员而言是非显而易见的，因此，本发明的权利要求1中的增压器支架与对比文件所提供的过给机支架相比较，具有突出的实质性特点。

（4）由于本发明的权利要求1中的增压器支架确实能够解决增压器及其支架周围管路比较繁杂、不便于柴油机检修的技术问题，因此，与对比文件相比，具有显著的进步。

综上所述，本发明专利申请的权利要求1与对比文件相比，具有突出的实质性特点和显著的进步，因此，具备《专利法》第22条第3款规定的创造性。

根据上述答辩思路，申请人在完全没有对本发明专利申请的权利要求1进行任何修改的情况下，只是将上述答辩思路以意见陈述书方式提交，审查员很快就对此发出第二次审查意见通知书，仅仅指出了其他的形式问题，没有再对创造性提出新的质疑，本发明专利申请获得了授权成功。

四、专利领域创造性判断的焦点和难点分析

专利领域的创造性，是个法定的法律术语。《专利法》第22条第3款规定：“创造性，是指与现有技术相比，该发明具有突出的实质性特点和显著的进步，该实用新型具有实质性特点和进步。”其中，“与现有技术相比”“实质性特点”“进步”属于关键词，也是创造性判断的核心考察点。但是，该《专利法》第22条第3款规定只是原则性规定，其可操作性差。为了提高创造性判断的可操作性，《专利审查指南2010》第二部分第四章第3节则给出了操作性强的“三步法”判断方法，审查部门对于创造性的质疑也主要是据此作出。

然而，在进行创造性答辩时，面对上述“典型创造性审查意见”中的“能够由对比文件公开的上述内容得到技术启示，有动机……由此本领域的技术人员容易想到……”的质疑意见，主要的焦点和答辩难点在于现有技术中是否“存在技术启示”、本领域技术人员是否“容易想到”。申请人与审查者之间的紧张也主要集中于此。

要有效地化解申请人与审查者之间的紧张，根据上述分析思路，可以采取以下措施。

首先，应当在客观技术事实认定的基础上正确厘清区别技术特征，根据区别技术特征确立本发明实际所要解决的技术问题，这个判断过程比较客观。

其次，以该本发明实际所要解决的技术问题为导向，判断其在最接近的现有技术中是否也是客观存在的，这个判断过程也比较客观。

再次，判断区别技术特征是否被现有技术（包括最接近的现有技术及其他相关的现有技术）公开，即判断区别技术特征本身及其在本发明中所起的作用在现有技术中是否客观存在，这个判断过程也比较客观。

最后，根据本发明实际所要解决的技术问题、区别技术特征本身及其在本发明中所起的作用在现有技术（包括最接近的现有技术及其他相关的现有技术）中是否同时存在，论证现有技术中是否“存在技术启示”、本领域技术人员是否“容易想到”。

由于上述整个逻辑推理过程都是建立在客观判断基础上的，因此，根据上述逻辑推理过程所得出的是否具备创造性的判断结论必然更加客观化，从而为是否具备创造性的判断结论增加了说服力和可信度。这是因为：

第一，“技术方案”的客观性必然使“技术问题”“技术手段”“技术效果”也分别当然地具有了客观性。

根据《专利法》第2条第2款、第3款规定，发明、实用新型都只是技术方案而已。这里必须注意的是：《专利法》所规定的法定名词是“技术方案”，而不是“技术特征”。因此，有必要在此对“技术方案”与“技术特征”加以严格法律意义上的概念廓清。

对于“技术方案”，《专利审查指南2010》第二部分第一章之第2节中给出如下文字：“技术方案是对要解决的技术问题所采取的利用了自然规律的技术手段的集合。技术手段通常是由技术特征来体现的”“未采用技术手段解决技术问题，以获得符合自然规律的技术效果的方案，不属于专利法第2条第3款规定的客体”。按此规定，“技术方案”应当包含“技术问题”“技术手段”

和“技术效果”这三个要素，而且，对于一个具体的技术方案，这三个要素有机结合成一体，缺一不可。

对于“技术特征”，遗憾的是，无论是《专利法》，还是《专利法实施细则（2010修订）》，或者是《专利审查指南2010》，均没有明确给出“技术特征”的定义。但是，根据“划分权利要求的技术特征时，一般应把能够实现一种相对独立的技术功能的技术单元作为一个技术特征，不宜把实现不同技术功能的多个技术单元划定为一个技术特征”[1]。“技术特征”应当是具有一种相对独立的技术功能的技术单元，并且，不同的技术特征应当是具有不同的“相对独立的技术功能”。然而，“技术功能”更多地体现在“技术效果”上，对于某个客观存在的“技术特征”，其必然对应着同样客观存在的“技术效果”。

根据上述分析不难理解，“技术方案”的客观性必然使得作为其组成部分的“技术问题”“技术手段”和“技术效果”也分别当然地具有了客观性；并且，由于“技术特征”只是“技术方案”的一个有机组成部分，因此，某个特定的“技术手段（或者技术特征）”是“容易想到”的，不能由此就自然而然地得出该特定的“技术手段（或者技术特征）”所属的“技术方案”也是“容易想到”的。

第二，“技术方案”的产生是客观性的必然。发明人在作出一项发明创造（提出“技术方案”）之前，通常，首先是提出或者发现某个具体的、客观存在的“技术问题”；然后，针对该“技术问题”分析其各种可能的产生原因，再根据产生原因树立多种解决对策，然后将各种对策投入验证，根据验证结果判断是否能够解决所提出或者发现的“技术问题”，并取得预期的“技术效果”。如果能，则该对策形成为针对该特定“技术问题”的具体“技术方案”。如果不能，则该对策不是针对该特定“技术问题”的“技术方案”。

简言之，“技术方案”通常是以“技术问题”为导向而产生的，其最醒目的标志就是“技术手段”。如果确定了“技术方案”，当然也就确定了其所能够解决的“技术问题”、所采用的“技术手段”和所能够取得的“技术效果”。

在对客观的“技术方案”进行创造性评价时，如果割裂了“技术方案”有机统一体，将导致判断者将判断焦点集中在作为“技术方案”最醒目标志

---

[1] 《最高人民法院知识产权案件年度报告（2012）》（2013年4月25日发布）之（2012）民申字第137号。

的“技术手段”上，即判断焦点在于“技术特征”，从而有意或者无意地脱离了“技术问题”导向的客观基本事实，很容易使创造性的客观判断陷入对“技术问题”“技术效果”进行主观推测式判断的泥沼，从而招致申请人与审查者之间的紧张。

第三，根据上述“技术方案”的产生过程分析和唯物主义认识论基本原理（“存在决定意识”），如果没有客观存在的“技术问题”导向，本领域技术人员是没有任何动机有针对性地、有目的地要在现有技术（对比文件）中所公开的技术方案的基础上进行相应的技术改进的，因此，本领域技术人员“容易想到”就缺乏了事实依据和驱动力。而对于没有事实依据支撑的任何结论，必然是草率、任性的，不足以令人信服，这对于严谨性强的法律实务，应当时刻避免。在“容易想到”被论证是不成立的条件下，也就当然不存在什么“技术启示”了。

第四，按照《专利法》第22条第3款和《专利审查指南2010》关于创造性的规定，一个技术方案，无论简单还是复杂，其是否具备创造性只能是基于现有技术进行判断，即“与现有技术相比”；而现有技术又必然是客观存在的现有技术，不能是主观上的现有技术。如果没有客观存在的“技术问题”导向，如何来确定与解决该“技术问题”相关的技术特征呢？如果不能确定解决该“技术问题”相关的技术特征，如何通过检索对比文件来正确界定“现有技术”的范围呢？如果不能正确界定“现有技术”的范围，那么，“与现有技术相比”就会被架空。

第五，确立了现有技术的范围后，如果没有客观存在的“技术问题”导向，审查员就很容易有意或者无意地将“技术方案”的有机整体分解成若干单个的独立技术特征，并针对单个的独立技术特征进行单独评价，从而导致技术方案整体的割裂式理解、评价，在此基础上推理得出的现有技术“存在技术启示”、本领域技术人员“容易想到”就成为无源之水、无本之木，这种推理判断明显地违背了《专利审查指南2010》关于创造性审查应当遵循“技术方案整体评价原则”的审查原则，使本应客观化的创造性判断更加趋向于主观化，由此引起申请人与审查者之间的紧张也就不足为怪了。

五、结　　论

总结上述分析，本文认为，本领域技术人员“容易想到”或者现有技术中“存在技术启示”，都必须要立足于一定的客观判断基础，该客观判断基础应当是客观存在于现有技术（包括最接近的现有技术及其他相关的现有技术）中的本发明实际所要解决的技术问题、区别技术特征本身及其在本发明中所起的作用，并且，本领域技术人员“容易想到”的第一驱动力也正是该发明实际所要解决的技术问题。

根据上述“技术方案”是包含“技术问题”“技术手段”和“技术效果”这三个要素的有机结合体，本文将上述客观存在于现有技术（包括最接近的现有技术及其他相关的现有技术）中的本发明实际所要解决的技术问题、区别技术特征本身及其在本发明中所起的作用作为一个整体，并将之定义为“启示的技术方案”。因此，在确认“启示的技术方案”在现有技术（包括最接近的现有技术及其他相关的现有技术）中并不存在的前提下，本领域技术人员是否“容易想到”或者现有技术中是否“存在技术启示”都将因此而失去客观的判断基础，而离开客观判断基础所作出的有关本发明创造性的任何结论，都必然是不足以令人信服的。反之，如果现有技术（包括最接近的现有技术及其他相关的现有技术）中确实公开了“启示的技术方案”，则本领域技术人员就“容易想到”或者现有技术中就“存在技术启示”，这就是创造性判断中“技术启示”的本质内涵。

浅谈机械领域“公知常识库”

刘　然*

【摘　要】

本文立足于改善“公知常识”普遍缺乏证据的现状，先汇总了专利实质审查中“公知常识”的各种明确来源，然后对于各来源都给出了便于检索的数据库。本文随后挖掘了一些新的公知常识来源并探讨了这些来源的公知常识的检索办法，最后就“公知常识库”的建立和适用提出了反思。

【关键词】

公知常识　数据库　检索　专利复审　创造性争辩

一、问题的提出

具备创造性是一项发明创造可被授予专利权的重要条件之一。而公知常识的认定又是创造性判断中非常重要又常常难以处理的一个问题。我国《专利审查指南2010》对专利申请创造性的判断给出了基于“三步法”的判断流程，该方法在确定最接近的现有技术（第一步）、确定发明的区别特征和发明实际

* 作者单位：国家知识产权局专利局专利审查协作河南中心。

解决的技术问题（第二步）之后，通过判断要求保护的发明对本领域技术人员来说是否显而易见来确定专利申请是否具备创造性。《专利审查指南2010》随后给出了几种一般认为“显而易见”的情形，第一种就是“所述区别特征为公知常识”。

可见，如果区别技术特征被审查员认定为公知常识，将大大降低申请获得通过的可能性；但在审查实践中，对公知常识的认定又几乎会出现在每一份审查意见通知书中，大部分并不会带有相应的证据。对公知常识的争辩也是创造性争辩的热点问题。审查员单方面的认定往往无法取得代理人和发明人的信服，代理人在答复审查意见和创造性争辩的过程中也常常要求或暗示审查员举证；有些代理人还提议建立“公知常识库”，并对每一条公知常识进行时间标引，规范审查员的认定❶；从审查员的角度来说，现阶段我国一些复杂结构发明、繁难工艺发明、组合发明、参数多涉及混合成分的发明还有很多，如果在引用对比文件评述了主要发明点之后，对剩余的发明内容也一一进行公知常识的手工查阅和举证，将大大降低审查效能，浪费行政资源；还有人从本领域技术人员的特点和依法行政的角度分析认为公知常识不应举证，而应用“自由心证”的方式来认定❷。

可以说，目前还没有一套特别清楚的机制来规范和辅助公知常识的认定。这是目前专利审查和专利代理实践的现状。

但跳出现状从《专利法》“保护发明创造”的立法宗旨方面考虑，“公知常识”应该是客观存在于技术实践中的。如果某些内容确实属于已经存在于社会之中的常识，那么审查机关本着服务的理念应将它告知发明人，提高发明人对现有技术的认识水平。只是公知常识的范畴太抽象，并且有一个致命的困难在于分散不便于检索，因此才有了审查员对举证的回避和代理人对证据的要求。本质上都是因为公知常识证据的取得非常困难。

本文就探讨一些机械领域便于检索的公知常识来源，或者说“公知常识库”。

---

❶ 刘剑波．关于建立公知常识数据库的探讨［G］//中华全国代理人协会．全面提升服务能力建设知识产权强国——2015年中华全国专利代理人协会年会第六届知识产权论坛优秀论文集．北京：知识产权出版社，2015.

❷ 李晓明．在专利审查中的公知常识举证问题浅析［J］．电子知识产权，2010（10）：59－61.

二、各方对公知常识范畴的共识

先看一下各国专利审查指南对公知常识范围的界定。

中国《专利审查指南 2010》“实质审查”部分列举了可以认为是公知常识的内容：“本领域中解决该重新确定的技术问题的惯用手段”或“教科书或者工具书等中披露的解决该重新确定的技术问题的技术手段”❶。

《专利审查指南 2010》“复审与无效请求”部分中列举的是“技术词典、技术手册、教科书等所属技术领域中的公知常识性证据”❷。

可见中国《专利审查指南 2010》尽管没有给出明确的范畴，但技术词典、技术手册、教科书及工具书是明确指出可以作为公知常识证据的。

与此类似，美国和日本专利审查机关也规定了“公共技术知识”“公知现有技术”“技术常识”“惯用技术”等概念。与中国的“公知常识”不同的是，日美的这些概念范畴更宽泛，除了教科书、技术手册等，还可以是（符合一定条件的）期刊，在某些高新技术领域，甚至可以是多篇相近专利文献（表明该技术已经比较常见和普及）的组合❸。

在日美审查实践的基础上，有人提出“基础”“核心”专利文献也应列为公知常识证据❹。

对比表明，“技术词典、技术手册、教科书、工具书”是各国都认可的一个最保守的公知常识范畴，其内容可以直接作为公知常识证据，而某些领域的较早期的期刊、成组的相近专利或核心专利则可以作为认定时的旁证或参考。因为专利文献和期刊文献已经有较成熟的检索方法，本文不再讨论。只讨论“技术词典、技术手册、教科书、工具书”。

三、便于检索的“公知常识库”

（一）技术词典和技术手册库

就机械领域而言，以往提起“技术手册”总让人想起厚厚的五卷本《机械设计手册》或是大部头《机械制造工艺手册》，这类手册不仅查询不便，而且比起浩如烟海的机械专业知识更是沧海一粟，早已无法适应现代信息服务的

---

❶❷ 参见《专利审查指南 2010》第 119 页。

❸ 孙瑞丰，曲淑君，范丽. 专利审查中公知常识的认定和举证［J］. 知识产权，2014（9）：73－77.

❹ 易水英. 浅谈通信领域中公知常识的举证材料［J］. 中国专利与发明，2011（11）.

要求。然而为服务于我国制造业信息化，中国知网（CNKI）已经从2006年开始建立“中国工具书网络出版总库”，将各行各业的工具书扫瞄、电子化整合，至今已经形成了一个包括6000余部工具书，涵盖各学科技术词典、百科全书、技术手册、图录图鉴、表谱、名录的巨型数据库，并且可以以多关键词联合检索或按时间筛选、模糊检索等，适用于专利行业公知常识证据的查找。这里面的技术词典、技术手册都是完全切合专利审查指南要求的。

如遇到类似案例1的权利要求：

1. 一种7075铝合金异截面大型环件的液态模锻轧制复合成型方法，其特征在于，包括如下步骤：

（1）熔炼：将7075铝合金在熔化炉中按成分配比熔炼；

（2）液态模锻：将液态模锻模具固定于间接挤压铸造机上后，将第（1）步骤中得到的铝合金溶液定量浇注到液态模锻模具内，浇注温度为680℃～700℃，加压速度为35～40mm/s，充型时间1～6s，比压为160～200MPa，并在该压力下保压35s～45s，得到近终截面环坯；

（3）均匀化：近终截面铝合金环坯冷却至440℃～470℃时，保温6～24h；

（4）余热等温轧制：当近终截面环坯降温至440℃～460℃时，采用径轴复合轧环机上进行等温轧制；

（5）热处理：经余热等温轧制得到的环坯在460℃～477℃保温1～2h，冷水淬火，随后在100℃～110℃保温6～8h后升温至170℃～180℃保温6～8h；

（6）精整。

在专利文献库中容易找到流程接近的工艺方法，但该权利要求中涉及的各种工艺参数却是不易判断的，本发明的实际贡献也许隐藏于某个参数之中。即便审查员非常熟悉金属材料生产工艺，也不应仅通过自己的知识和经验作出判断。但借助《中国工具书网络出版总库》就可以快速对各工序中的参数进行检索核实，并能马上从《实用机械工程材料手册》《铣工简明实用手册》《机械制造工艺简明手册》等十几个来源中获得上述各工艺的详细知识。这是传统查询完全想象不到的，达到了实质审查“证据优先”和“审查效能”的平衡。

对于指南中也有提到的教科书，作者认为按专利审查指南的要求，至少应确实被指定为大中专院校教材或教学参考书的技术书籍才符合公知常识证据的要求，其他书籍应以对比文件的性质视之。但书籍相比孤立的文献一般有更清楚的来龙去脉和适用范围介绍，因此往往也不会有“结合启示是否存在”的争论。因此对教科书的检索可以在各电子图书馆进行，有结果之后再判断是否是教科书。

（二）复审决定中挖掘的其他公知常识载体

有研究者认为，随着科学的进步和出版形式的多样化（上述“工具书总库”已经类似于电子出版，海外一些著名的工具书大全提供商、百科全书公司也不再印刷纸制的工具书），教科书、技术词典、工具书之外的载体是否能得到专利机关的认可也是个值得探讨的问题。

这就启示我们从审查实践中挖掘其他的公知常识载体。

《专利审查指南 2010》规定，专利复审委员会可以依职权认定技术手段为公知常识，并可以引入相关的常识性证据。因此可以考虑检索复审委员会的复审决定，观察审查实践中审查委员所列举的公知常识证据的载体。经检索，发现专著是最主要的证据载体，但也有相当部分的复审决定引入了国家标准（GB）或行业标准（如 JB，机标）作为证据❶。可见，用国家标准或行业标准中的内容作为公知常识载体已经在审查实践中得到了行业内的认可。

从另一个角度来说，专利申请应具备工业实用性，其专利性是与工业生产紧密相关的。而国家标准和行业标准正是为生产部门所制定和参照，相关企业须熟知本行业及相关行业的标准的内容，将国家标准和行业标准作为公知常识符合《专利审查指南 2010》的精神。

（三）国家标准与行业标准库

然而，中国的各类标准都由各级科研或行政机关与企业界合作制定，然后以出版物的形式出版，在以往的审查实践当中也存在标准繁多、散乱并且不便于检索的问题。好在中国知网也正在建设《国家标准全文数据库》，其收录了由中国标准出版社出版的所有国家标准，占全部国家标准的 90% 以上，并进行了电子化处理，可以用多种条件检索。该库无疑也是公知常识的重要来源。

同时可以想见，外国的国家标准对我国专利审查中的公知常识认定也有一定的参考价值。《国家标准全文数据库》还收录了大量外国标准的题录数据，对某些审查领域有一定参考价值。另外，由于外国标准较多，单中国知网一家的数据也不全面（并且没有全文只有题录），专利工作者还可以借助“国家标准文献共享服务平台”网站的搜索系统，该系统除收录中国标准全文数据外，

❶ 可参见专利复审委员会第 86400 号复审请求审查决定。

还大量收录了欧美国家重点领域的标准信息，对中国知网的数据形成补充。

（四）专利分类表

另外有学者指出，国际专利分类表作为科研人员、专利律师、审查员和分类员的常备工具书，其内容也可以认为是本领域技术人员公知的而构成公知常识证据❶。如案例2权利要求如下：

1. 一种纸浆精磨的方法……

2. 根据权利要求1所述的方法，其特征在于精磨采用盘磨机。

国际专利分类表中给出的分类号如下：

D21D1/20 · 精磨方法

D21D1/22 · · 锥形精磨机

D21D1/28 · · 球磨机或棒磨机

D21D1/30 · · 盘磨机（圆盘磨）

D21D1/32 · · 锤式磨碎机

考虑到分类位置下每一个细分都是对其下若干篇具有相同要点的专利文献的归纳，并且有些细分在数十年前的早期分类表中已经存在，因此在时间满足要求的前提下，国际专利分类表中记载的内容也应认定为公知常识。

需要指出的是，粗略地说，欧洲专利分类表（EC）可以认为是国际专利分类表（IC）的细分因而包括更多的内容，而近年兴起的合作专利分类表（CPC）又是对EC和部分美国专利分类体系与日本专利分类体系的融合，容量更大，远远超越了EC和IC。并且合作专利分类表中还引入了“分类定义”与传统的分类表平行，在“分类定义”中由分类员或审查员手工对一些技术要点作了说明，使分类表的内容更丰富和精确。

同时值得注意的是，以往在代表“结合启示”的证据（一般是对比文件2）的查找中，如果对比文件2属于本申请所在领域之外的技术领域，代理人往往会就能否与对比文件1（最接近的现有技术）结合进行争辩。

在新的合作专利分类表（CPC）中，与“分类定义”一起加入的还有欧洲分类员和审查员通过经验和对该技术领域的了解手工编制的“相关领域”表格，比如分类位置“B23Q11/00”，其CPC分类定义是：

---

❶ 姜术丹，王飞，孙海燕. 浅谈公知常识的举证方式［G］//中华全国代理人协会. 全面实施国家知识产权战略　加快提升专利代理服务能力——2011年中华全国专利代理人协会年会暨第二届知识产权论坛论文集. 北京：知识产权出版社，2011.

Accessories fitted to machine tools for keeping tools or parts of the machine in good working condition or for coolingwork;…（安装于机床上的为使刀具或机床零件处于较好工作状态的附件……）

在该分类定义下面，分类员还给出了“经常连用的相关技术领域”：

F16P：Safety devices in general，not specially designed for a machine tool.（F16P：常规的安全装置，不一定专为机床设计）

其实就表示欧洲审查员和分类员在审查实践中发现这两个从定义上并不直接相关的分类位置在技术实践中是非常相关的。这一信息也将为结合启示的存在认定提供重要参考。

这些增补大大增加了CPC分类表的内容和分类位置（实质上是不同领域间的技术）之间的联系，使其功能更上一层楼。

CPC分类表每隔数月更新一次，有明确的时间界限，所需要的版本可在CPC官方网站❶全文打包下载，由本地的软件合并为一个大表后，可以用个人电脑进行全文检索，可以说是检索速度和方便程度最好的。

四、小　　结

比较本文讨论的几种公知常识库可以发现，它们记载的内容都是“理想的公知常识全集”的“子集”，并且各有侧重：

- 教材库（电子书籍）侧重于原理；同时书籍文献一般只会给出某些机构的最简元初的形式，与技术方案中经过重新设计的元件一般有所区别，其认定还依赖于审查员的专业知识；
- 技术词典侧重于概念、性质；与技术手册相比，词典更适合本身并不了解某技术领域的读者，可以通过一般百十字的词条、概说快速把握一些概念的实质；
- 技术手册侧重于生产实际、关注细节、对参数和成分的检索有奇效；并且技术手册有一个突出的特点在于它“列举式写作”的编写风格，比如热处理工序，涉及的温度、时间、冷却方式等，热处理工艺手册会用各种表格把现有技术中的知识全部列举出来（原本手册编写的功能就是为一线技术人员无须再研究的情况下选用），因此也便于从一些参数特别多的申请中去掉那些常规的参数，留下可能有发明高度的部分；

❶ 网址为：www.cooperativepatentclassification.org。

• 国家标准可看作对技术手册的优选和凝练，也会包含一些非常明确但不容易在其他文献中找到证据的内容；与“技术手册”相比，国家标准还更偏重各类工业产品的性状，比如市场上存在的各种砂轮的尺寸、厚度等，属于见到实物就非常清楚的数据，但从其他文献中又难以得到，这些国家标准中都记载得非常清楚；

• 分类表则包括非常多的“常规设置”和“惯用技术手段”。这一点可以从分类表形成的过程来理解，最初某个领域的文献都在一个较粗的分类位置下，随着文献的增多，主要的技术路线和分支也开始慢慢聚集，随时间推移，这一较粗分类位置下的主要技术路线基本确定，就形成了新的小组（更细分类位置），也就是说，除去最新的细分，较早的细分都可认为已经是该技术领域的公知技术手段（路线）。

专利工作者在使用这些“公知常识库”的时候，不仅应根据各库的特征相应地选用，也应注意到我国专利审查的实践对于证据的要求仍比较高，某些库的结果更多的是参考性质，如作为证据使用还应进一步规范。

这些“公知常识库”还可以服务于专利代理业务。众所周知，我国专利申请的从属权利要求很多比较短或者内容是某些具体的技术选项和参数，如果代理人在撰写的时候，也能通过上面提到的库对这些附加技术特征的公知性作一番检索和查证，将大大节约审查资源，从而帮助审查员将关注度主要集中在申请的智慧贡献上。

五、对“数据库化”的公知常识的反思

上面探讨了“技术词典”“技术手册”“教科书”和“国家标准”的检索方法，已经覆盖了专利审查指南列举的公知常识来源的多个方面，并且有了一定的外延。然而，仍应看到，即使这些事实上的“公知常识库”仍不能替代技术人员自身的判断和经验。比如案例3权利要求：

1. 一种用清洗除油液取代磨削液在带锯机上使用的方法，其特征在于：步骤如下：清空带锯机冷却箱中的磨削液，采用碱性化学除油粉按照10%浓度比例用60度左右温水配成清洗除油液，加入到带锯机冷却箱中，即可开机使用。

这是一个“清洗液”代替“冷却液”的方法，在各种文献库中都无法找到直接公开“化学除油粉”“温水”等特征的相近方法，如果就此认定该申请具备创造性，则忽视了审查人员的行业经验在专利审查中的作用。《专利审查

指南2010》规定所属技术领域的技术人员应该知晓该领域的普通技术知识，则在本案中审查员应具备一般带锯操作员的知识和经验。在冷却液短缺的情况下，生产实践中有用肥皂粉、肥皂条（成分为硬脂酸钠，水解后为碱性，即本申请中的“碱性除油粉”）放入清水盆中煮沸溶解，再把初步冷却的溶液（为温水，不能用冷水是因为肥皂成分会凝结析出，也不能用沸水，因为无冷却效果）用作冷却液的做法。

这类知识是不容易在上述的“公知常识库”中得到而审查员又必须考虑的。因此笔者认为再全面的“公知常识库”，也只能作为公知常识认定时的参考，最终仍须审查员充分了解现有技术现状接近所属领域技术人员的标准后综合作出，而不是寄希望于一个“大全库”，几个检索式就完成认定。这也反映出国外不机械地限定公知常识的范围的做法的值得借鉴之处。❶

六、我国“公知常识”发展的动向之一

这又引入一个新的问题。即对现在技术充分的了解也是建立在多年产业从业/相关领域工作的基础上的。而与欧盟审查员一般具有较长技术工作经验（可长达8～10年）不同，我国审查员具有长期在技术岗位工作经验的不多。那么这样的技术背景如何客观地评价“公知常识库”里查找不到依据的“疑似公知常识”呢？

这个问题的答案可以是2014年8月上线的、由国家知识产权局审查业务管理部联合中国专利保护协会建立的“审查技术专家库”。该库通过国资委和中科院完成了大部分技术领域的专家征集工作，现有专家1046名，“两院”院士5名，国务院特殊津贴专家252名。这些专家都是所在领域的资深技术人员，对其领域有深入全面的了解，可算是一个“活”的“公知常识库”。目前该专家库的运作方式是由审查员就一些技术问题（可以是公知常识的认定）通过邮件或系统向需求领域的专家提交，专家随后给予回复。从目前的试用情况来看回复及时准确，对审查工作有很大的帮助。

但从司法角度来说，该系统上线时间还较短，专家的意见能否充当“公知常识证据”，在复审或诉讼中提供意见的专家能否到场解释或作证，其意见的正确如何保证和反馈，都是在以后的实践中仍要研究的课题。

---

❶ 石必胜. 专利创造性判断研究［M］. 北京：知识产权出版社，2012：231－233.

第三部分

企业知识产权

浅谈职务发明权属纠纷中企业的应对策略

赵国荣*　邱　军*

【摘　要】

针对职务发明权属纠纷，本文结合典型案例以及我国在职务发明权属纠纷方面的法律实践对企业如何在职务发明权属纠纷中进行举证，在企业的日常人员和技术管理中采取哪些相应的措施且如何保留相应的证据，从而在职务发明权属纠纷中积极维护自身的利益进行了初步的分析，并给出了建议。

【关键词】

职务发明　权属纠纷　本职工作　关联性　物质技术条件

在科技高速发展、市场竞争日益激烈的今天，研发并拥有先进技术是提高企业竞争力的关键。因此为了增强企业的市场竞争能力，企业需要不断地加大研发投入，提高自主创新能力。但是在现实中，往往会出现企业的研发成果被企业职工以个人名义申请专利，或者企业员工离职后以个人或者其他公司的名义申请专利的情况。因此企业需要在日常人员和技术管理中防范这样的风险，并在遭遇到这样的情况时，利用职务发明制度的法律规定，在与此相关的诉讼

* 作者单位：北京市柳沈律师事务所。

纠纷之前保留相关的证据，从而积极争取维护自身的利益。本文将结合我国在职务发明权属纠纷方面的法律实践进一步讨论企业可以采取的应对策略。

根据《专利法》第6条的规定：执行本单位的任务或者主要是利用本单位的物质技术条件所完成的发明创造为职务发明创造。职务发明创造申请专利的权利属于该单位；申请被批准后，该单位为专利权人。非职务发明创造，申请专利的权利属于发明人或者设计人；申请被批准后，该发明人或者设计人为专利权人。利用本单位的物质技术条件所完成的发明创造，单位与发明人或者设计人订有合同，对申请专利的权利和专利权的归属作出约定的，从其约定。

根据上述规定，在我国，职务发明指的是以下两种情况：执行本单位的任务和主要是利用本单位的物质技术条件所完成的发明创造。本文将对这两种情况分别进行讨论。

一、执行本单位的任务

执行本单位的任务在《专利法实施细则》第12条中有进一步规定。根据该规定，执行本单位的任务所完成的职务发明创造是指：（1）在本职工作中作出的发明创造；（2）履行本单位交付的本职工作之外的任务所作出的发明创造。

换言之，本单位的任务通常包括本职工作或者单位分配的本职工作之外的工作。根据《最高人民法院关于民事诉讼证据的若干规定》，当事人对自己提出的诉讼请求所依据的事实或者反驳对方诉讼请求所依据的事实有责任提供证据加以证明。根据没有证据或者证据不足以证明当事人的事实主张的，由负有举证责任的当事人承担不利后果所确立的“谁主张，谁举证”原则，单位主张诉争专利是针对本职工作和单位分配的任务的，要进行相应的举证。

证据的内容可以包括：与职工签订的劳动合同或雇佣合同；企业的规章制度中对岗位体系的设置；各岗位的职责和工作内容的规定；给员工指定的工作目标；企业项目讨论时的会议记录；职工的年度考核评定，职工的年度绩效评定，以及企业员工对内对外往来的邮件等。

在王春刚和特灵空调系统（中国）有限公司（以下简称“特灵公司”）专利申请权权属纠纷一案中[1]，法院为了确定被告王春刚的本职工作，结合原告特灵公司的岗位体系设置、各岗位的职责和工作内容，重点考察被告任职期间

[1] 参见：最高人民法院（2013）民申字第1190号民事裁定书，2013年12月18日。

实际承担的工作职责。为此，原告举证了与被告王春刚在签订雇佣合同时签订的雇员保密协议，被告聘任为产品项目经理的聘书，被告在聘任产品项目经理期间各年的《绩效管理》，被告参与的项目的产品发布的内容以及证明涉案专利申请的技术方案源于被告的本职工作的证人证言、电子邮件，最终确认了被告在原告特灵公司的任职期间的本职工作内容。

在靖江市华东船舶机械制造有限公司（以下简称华东船舶公司）诉陈金林专利申请权权属纠纷一案中❶，原告靖江市华东船舶机械制造有限公司举证了与原告陈金林签订的劳动合同，聘任原告先后担任公司总工程师、副总经理的任职决定，明确了其职责范围。在苏州辰戈电子科技有限公司（以下简称辰戈公司）与苏州贝昂科技有限公司（以下简称贝昂公司）专利权权属纠纷一案中❷，原告苏州贝昂科技有限公司举证了被告陈竞坤的《劳动合同》、参保证明、完税证明以及与项目研发和专利申请相关的证人证言、经公证的电子邮件等内容。

因此，为了证明本单位的任务的内容，笔者建议企业在与技术人员签订长期或者临时雇佣合同或者劳动合同时，应尽可能明确该技术人员的工作范围，并与技术人员签订保密协议，明确雇员在受雇前作出的与拟进行研发的产品相关的专利申请内容。企业还需要在规章制度中明确各个岗位的职责，并在与员工的岗位聘用合同中明确具体工作内容。在各个岗位的绩效管理中，记录员工所参与的项目内容和成果。另外，企业还应建立规范的文件归档制度和电子邮件体系，保留员工的研发中间结果和中间沟通记录。

对于往来的电子邮件，由于其易被篡改的特点，往往会受到证据真实性的质疑。在上述的特灵公司一案中，被告就曾对电子邮件的真实性提出过质疑❸。为此，原告特灵公司的员工出庭并就该邮件的真实性进行了论述。也就是说，企业可以请企业的 IT 人员就邮件的真实性进行说明。另外，企业还可以请公证机关对邮件进行公证；对于域外发件人或收件人的邮件还要进行认证。法院在认定邮件内容的真实性中，往往会综合其他的辅助证据。例如，在蒂龙科技发展（北京）有限公司（以下简称“蒂龙公司”）诉被告泰斯福德

❶ 参见：江苏省泰州市中级人民法院（2015）泰中知民初字第 0045 号民事判决书，2015 年 10 月 15 日。

❷ 参见：江苏省高级人民法院（2014）苏知民终字第 0042 号民事判决书，2014 年 7 月 25 日。

❸ 参见：最高人民法院（2013）民申字第 1190 号民事裁定书，2013 年 12 月 18 日。

（北京）科技发展有限公司（以下简称“泰斯福德公司”）专利权权属纠纷一案❶中，北京知识产权法院认为：原告经域外公证机构公证的所涉电子邮件内容尽管存在未办理认证手续的瑕疵，但邮件内容显示存在多人转发情形且附有诸多蒂龙公司的中国客户的文件信息，故在没有相反证据的情况下，认可了其真实性。法院认为，由于以上邮件被多人转发且涉及公司的更多客户信息，因此，如果从篡改证据伪造证据的角度考虑是存在困难的，这样，被转发的多人实际上对邮件的真实性进行了证明。

在职务发明的权属纠纷中，还有一个重要的问题是如何确定诉争专利与本职工作的关联性。笔者认为，企业应该比较诉争专利和本职工作，从技术领域、技术问题、技术效果、技术特征、技术手段几个方面综合论证，而不能单独从一个方面论证。这个相似性判断标准与专利侵权中判断被诉侵权技术是否落入专利权的保护范围执行的全面覆盖的判断标准应该有所不同。否则，技术人员仅仅通过稍稍更改技术方案，就可以很容易地区分诉争专利的技术方案与本职工作所产生的技术方案。这显然有失公平，对企业的知识产权保护不利。但是如果仅仅单凭技术方案的一个或几个相似的特点就认定两者相同，则对于技术人员而言也是不公平的。因此，在实践中法院往往会根据各个因素综合考虑涉案发明创造与原单位承担工作任务之间的关联性。

在上述的靖江市华东船舶机械制造有限公司诉陈金林专利申请权权属纠纷一案中❷，法院认为：在发明专利权属纠纷案件中，判断是否为“执行本单位的任务所完成的职务发明创造”，主要考虑涉案发明创造所涉及的技术领域与原单位从事或交付的工作任务是否属于相关联技术领域，即涉案发明创造与原单位承担工作任务之间的相关性。该判断标准不同于发明专利侵权判断的审理思路，无须将申请专利的技术与原单位工作曾使用的技术进行比对，从而判断两者是否为同一技术，更无须鉴定两者的同一性。在这里，法院采取了相对宽松的认定方法，仅考虑了技术领域。笔者对这样的认定方法有不同的看法。例如，对于技术领域相同、要解决的技术问题相同，实现差不多的技术效果的两个方案，是完全有可能采用不同的技术手段及不同的技术特征的。而对于同样的技术问题，可能存在两种不同的解决方案、技术手段，因此不能仅根据技术

---

❶ 参见：北京知识产权法院（2015）京知民初字第813号民事判决书，2015年12月30日。

❷ 参见：江苏省泰州市中级人民法院（2015）泰中知民初字第0045号民事判决书，2015年10月15日。

领域、技术问题、技术手段的一点或者两点就认定这两种方案的关联性。最高人民法院在邹谋炎与秦皇岛聚波电子科技有限公司（以下简称“聚波公司”）发明专利权属纠纷一案❶中就此进行了更合理的论述。在该案中，邹谋炎主张其在与聚波公司签订《合作协议》之前就已经完成了包括测速雷达技术在内的涉案专利“一种车辆速度检测雷达”中全部的创造性技术内容。最高人民法院根据《专利法》第59条第1款“发明或者实用新型专利权的保护范围以其权利要求的内容为准，说明书及附图可以用于解释权利要求的内容”，从涉案专利的权利要求的技术特征、技术领域、技术效果方面出发，认定“汽车防撞雷达系统”“机车车载微波雷达速度传感器”技术与涉案专利权利要求书中记载的技术特征并不相同，二者在应用场景、所达到的技术性能等方面均存在差异。

因此，企业在证明职务发明是执行本单位的任务时，需要聘请具有丰富专利代理经验的代理人或者律师，就涉案专利与技术人员完成的研发成果在技术领域、技术问题、技术效果、技术特征、技术手段上进行充分论述。

二、利用本单位的物质技术条件

本单位的物质技术条件在《专利法实施细则》第12条中有进一步的规定，本单位的物质技术条件指本单位的资金、设备、零部件、原材料或者不对外公开的技术资料等。这样的规定参照已经失效的《技术合同法实施条例》中的相关规定，物质技术条件是指单位提供的资金、设备、器材、未公开的技术情报和资料。

笔者认为，对于以上所列的几种物质技术条件，资金和不对外公开的技术资料的证明可能相对比较容易。对于财务制度比较健全的企业，员工的每项支出应有对应款项和账目，查阅相对容易。而由于外人无法获得不对外公开的技术资料，且其内容也无法在公开的资料中获得，因此在技术人员无法提出有效反证的情况下，证明也相对容易。然而，企业要证明其他的因素就比较困难了。

笔者建议，企业可以从反向推理的角度进行证明。也就是说，企业可以通过证明依据发明人进入该企业之前的背景和掌握的知识是无法作出涉案专利相关的发明的，从而证明该发明是发明人利用本单位的物质技术条件来完成的。

例如，在泛普公司与触动公司、罗延廷专利申请权权属纠纷一案中❷，法

---

❶ 参见：最高人民法院（2015）民申字第1204号民事裁定书，2015年11月3日。

❷ 参见：江苏省高级人民法院（2014）苏知民辖终字第0029号，2014年5月16日。

院认为，在涉及职务发明认定过程中，判断发明创造与发明人在原单位工作内容之间是否具有关联性时，除可依据发明人在原单位从事的本职工作、单位分配给的任务等证据进行正向判断之外，还可以从发明人在进入原单位工作前所具有的专业背景知识与其所作出的发明创造之间的匹配程度上进行反向审查。即，如果发明人在进入原单位前所具备的学历背景、工作经历与其作出的发明创造的技术内容与创新高度并不相符，且发明创造与原单位的研发内容或方向具有相当程度的相关性，则亦可认定该发明创造与发明人在原单位工作内容之间具有关联性，除非发明人能够就此提出相反证据予以推翻。

因此，笔者建议企业在与员工面试和签订劳动合同时，可以请员工明确其在聘用前所从事的工作经历和技术能力，并保留相关的文字资料。

另外，根据《专利法》第6条第2款的规定：利用本单位的物质技术条件所完成的发明创造，单位与发明人或者设计人订有合同，对申请专利的权利和专利权的归属作出约定的，从其约定。在该条规定中，并未区分“非主要利用”和“主要利用”。由此可见，即使是主要利用了本单位的物质技术条件所完成的发明创造，也是可以约定该发明创造属于发明人，即使是非主要利用本单位的物质技术条件所完成的发明创造，也是可以约定该发明创造属于单位的，体现了“约定优先”的原则。

因此，笔者建议，企业应在劳动合同或者企业的规章制度中对这种情况下所作出的发明创造进行明确详细的约定。例如在上述的王春刚与特灵公司专利申请权权属纠纷一案中，特灵公司在与王春刚签订的《雇员保密协议》❶中，就明确约定了：雇员应迅速向公司以书面方式充分透露，雇员在受雇于公司期间独自或与他人一起构思、开发或将之化为实用的任何一切发明，并同意该等发明的一切权利应自始属于公司。笔者建议，在后续的岗位聘任合同中，企业应进一步详细明确并约定上述保密协议中所涉及的技术内容。

三、结　语

建立合理的企业职务发明制度是激发企业发明创新动力的关键。企业在涉及研发人员的聘任过程、研发过程以及离职时都应尽可能记录和保留相应的文字资料，从而有效地保护企业的知识产权。

❶ 参见：最高人民法院（2013）民申字第1190号民事裁定书，2013年12月18日。

第四部分

国内外知识产权维权法律及实务

分案申请制度与申请文件修改规则的冲突与完善

覃韦斯*

【摘　要】

在我国专利申请实务中，专利申请人在原申请并不存在单一性缺陷时仍主动提出分案的情况大量存在。这种现象导致分案申请制度远离了制度设计的初衷，陷入制度异化的困境。针对该问题，本文采用了一种新的分析视角，即立足于专利法体系的内部，通过将分案申请制度与申请文件修改规则相互参照比较的方式来对分案申请制度进行重新观察和考量，以呈现分案申请制度与申请文件修改规则之间一直以来被普遍忽视却又客观存在的逻辑冲突，进而对分案申请制度的本质进行反思和追问，以期为我国分案申请制度的进一步完善提供有益建议。

【关键词】

分案申请制度　申请文件修改规则　专利法体系　冲突与完善

* 作者单位：华诚律师事务所。

一、引　言

我国分案申请制度❶是一个由《专利法》《专利法实施细则》（以下简称《细则》），以及《专利审查指南2010》（以下简称《指南》）等法律法规逐层构建，相互交错支撑的制度体系。然而在当前的专利实务中，依据这套制度运作的分案申请却存在着被申请人滥用的现象，即申请人在原申请的权利要求并不存在单一性问题时仍然主动提出分案的情况大量存在，从而导致分案申请制度远离了制度设计的初衷，陷入制度异化的困境。

针对该问题，现有研究或通过域外考察，借鉴欧、美、日等发达国家和地区的经验予以完善❷；或借用民法的理论资源，从不当得利的视角提供解决方案❸；或基于利益平衡的权衡，对不存在单一性缺陷的主动分案申请进行正当性论证❹等。

本文将采用一种新的分析视角，即立足于专利法体系的内部，通过将分案申请制度与申请文件修改规则（以下简称“修改规则”）相互参照比较的方式来对分案申请制度进行重新观察和考量，以呈现分案申请制度与修改规则之间一直以来被普遍忽视却又客观存在的逻辑冲突，进而对分案申请制度的本质进行反思和追问，以期为我国分案申请制度的进一步完善提供有益建议。

二、我国分案申请制度的解读

《专利法》第31条，《细则》第34条、第35条、第42条、第43条、第65条，《指南》第一部分第一章第5.1节以及第二部分第六章第3.2节等分别针对分案申请的前提条件、分案类别、时间限制、内容限制、分案申请的申请人、文本以及分案后再分案等问题给予了规定。本文将重点解读分案申请制度中与本文所讨论的主题密切相关的三项内容，即分案申请的前提条件、时间限

---

❶ 鉴于发明和实用新型与外观设计的差异较大，限于篇幅，本文只研究发明和实用新型的分案申请制度。

❷ 张振宇. 我国专利分案申请制度的完善［J］. 知识产权，2015（8）：90－94.

❸ 张立泉. 试析专利分案的不当得利及其对策［M］//中华全国专利代理人协会. 实施国家知识产权战略　促进专利代理行业发展——2010年中华全国专利代理人协会年会暨首届知识产权论坛文集，2010.

❹ 朱裕禄. 分案申请的价值分析［M］//中华全国专利代理人协会. 全面提升服务能力　建设知识产权强国——2015年中华全国专利代理人协会年会暨第六届知识产权论坛文集. 北京：知识产权出版社，2015.

制以及内容限制。

1. 分案申请的前提条件

《细则》第42条第1款规定：一件专利申请包括两项以上发明、实用新型的，申请人可以在规定的期限内提出分案。

根据该规定的字面含义，我国对提出分案申请的前提条件采用的是“可以”式的授权性规则，而非“只有……才”式的限制性规则。换言之，分案申请虽然是由单一性问题而提出的，但是目前的专利法规中并未明确规定不涉及单一性问题而主动提出分案申请的情形是不被允许的。上述法理分析实际上也得到了实务上的支持。在我国专利审查实务中，国家知识产权局也并未要求在母案必须包括两项以上的发明或者实用新型的情况下申请人才可以主动提出分案，从而给予了申请人较大的自由。

2. 分案申请的时间限制

《细则》第42条第1款以及《指南》第一部分第一章第5.1节规定：申请人最迟应当在收到授权通知书之日起两个月期限届满之前提出分案；上述期限届满后，或原申请已经被驳回，或原申请已撤回，或原申请被视为撤回且未被恢复权利的，一般不得再提出分案申请；对于审查员已发出驳回决定的原申请，自申请人收到驳回决定之日起三个月内，不论申请人是否提出复审请求，均可提出分案申请；在提出复审请求后以及对复审决定不服提起行政诉讼期间，申请人也可以提出分案申请。

需要注意的是，上述所称“驳回、撤回以及视为撤回”是指最终生效状态，而并非指申请人收到国家知识产权局相关决定的状态。也就是说，只要原申请尚未结案，亦即从原申请提交之日起至原申请结案之日止，申请人均可以基于原申请主动提出分案申请。

3. 分案申请的内容限制

分案申请的内容限制来自《细则》第43条第1款规定的“分案申请不得超出原申请记载的范围”，以及《指南》第二部分第六章第3.2节要求的“分案以后的原申请与分案申请的权利要求书应当分别要求保护不同的发明”。

“原申请记载的范围”是指原说明书和权利要求记载的范围，即“包括原说明书和权利要求书文字记载的内容和根据原说明书和权利要求书文字记载的内容以及说明附图能直接地、毫无疑义地确定的内容”。《指南》并没有对“不同的发明”的含义进行进一步的界定，因此在理论上还存在着应当理解成“相互不具备单一性的不同发明”，还是应当理解为“权利要求保护范围不同的发明”的争论。然而在专利实务中，国家知识产权局并没有要求原申请与分案申请必须是相互不具备单一性的不同发明。因此，“在我国，只需原申请和分案申请的权利要求书中不存在保护范围相同的权利要求即可”❶。

三、我国修改规则的解读

专利申请文件在从提交至获得授权或被驳回的漫长过程中，通常需要对申请文件进行修改。《专利法》第33条，《细则》第51条、第52条、第61条，以及《指南》第二部分第八章第5.2节等分别针对申请文件的修改时机和修改方式等进行了具体规定。下面以发明专利申请为例，按照时间顺序对不同阶段的修改规则进行解读。

1. 初步审查阶段

申请文件从提交受理后到公布之前的阶段是初步审查阶段。在初步审查阶段，修改只能基于初步审查意见来进行，即根据初步审查阶段的补正通知书或者个别情况下的审查意见通知书的要求来进行修改。因此，初步审查阶段的修改限制除了《专利法》第33条的限制之外，还要受到初步审查意见所涉及的内容的限制。在实务中，这个阶段的修改通常是以补正方式进行的格式性修改。

2. 实质审查阶段

在初审完成之后，发明专利申请一般在申请日后满18个月予以公布（或者要求提前公布），并且在申请日后的3年之内可以提出实质审查请求。根据《细则》第51条的规定，申请人从提交申请到进入实质审查阶段的前3个月止有两次主动修改申请文件的机会，一次为期日，即主动修改必须在提出实质审查请求之时；一次为期间，即主动修改必须在收到进入实质审查阶段通知书之日起3个月内。除此之外，申请人不再享有主动修改的机会。“主动修改的自由度比较大，即只要在原始文件中有记载，就可以对权利要求的范围作扩大、缩小和变更等方式的修改。这就意味着，在此阶段，权利要求书可以根据说明书公开的内容而重新撰写。”❷

3. 答复审查意见阶段

经审查，审查员通常会发现申请文件中存在的缺陷，并针对这些缺陷发出

---

❶ 欧阳石文．审视分案申请［M］//国家知识产权条法司．专利法研究2006. 北京：知识产权出版社，2007.

❷ 陶凤波．专利申请文件的修改规则探讨［J］．电子知识产权，2004（12）：26.

审查意见通知书或补正通知书。根据《细则》第 51 条的规定，在这个阶段，申请人只能针对通知书所指出的缺陷进行修改。这种修改和前述主动修改存在很大的差别。例如，根据说明书的记载而增加新的权利要求在主动修改时是允许的，而在按照通知书的要求修改时则是不允许的。当然，除此之外，这个阶段的修改仍然要受到《专利法》第 33 条的限制。

4. 授权阶段及复审阶段

授权阶段以收到授权通知书为标志，这个阶段只存在审查员的职权修改，或者出于编辑排版需要进行的部分文字或符号修改，申请人没有任何修改权。而当申请人收到驳回决定而提出复审请求时，申请人对申请文件的修改仅限于消除驳回决定或者复审通知书指出的缺陷。

综上可知，随着审查阶段的递进，申请人对申请文件进行修改的自由度越来越低，所受到的限制也越来越严。

四、分案申请制度与修改规则的冲突及根源

一般来说，修改规则与分案申请制度似乎风马牛不相及。修改规则主要是针对一份申请文件在整个专利审批过程中进行修改的限制，其重点在于“修改”；而分案申请制度则主要是针对将一份申请文件分割成多份申请文件进行新申请时所需要满足的条件进行规制，其重点在于“申请”。然而，在纷繁复杂的专利实务中，情况却并非如此。本文将通过以下案例来呈现分案申请制度与修改规则在实质上存在非常密切的联系，并且这种联系表现为两者在专利法体系内部的逻辑冲突。

1. 分案申请制度与修改规则的冲突案例

案例（1）：原申请的独权 1 包括如下技术特征“其设置成通过使用甲烷基气体和点火引发剂的混合物而运行”。审查员并未对此提出质疑。在答复审查意见时，申请人想将其中的“甲烷基气体”修改为上位的“燃气气体”。审查员以不符合《专利法实施细则》第 51 条第 3 款（应当针对通知书指出的缺陷进行修改）为由对此修改不予接受，申请人基于此上位的技术方案提出分案申请。❶

案例（2）：某申请只包含一个独立权利要求在内的一组权利要求，其权

❶ 杨瑞丽. 结合案例谈某些类型的分案申请——探讨原申请并未涉及单一性问题而由申请人主动提出分案的情形［J］. 中国发明与专利，2011（7）：76.

利要求请求保护一种利用车架后叉端的延伸部将后换挡器固定到车架上的支架。该申请于2002年12月11日获得授权。在该申请的专利审查过程中，国家知识产权局从未以单一性作为理由对该申请质疑过。在母案授权之前，申请人于2002年7月31日主动提出分案申请，该分案申请的权利要求将原申请说明书中技术方案进行了组合归纳，变更了专利要求保护的主题，要求保护一种包含支架的后换挡器。该分案申请于2006年8月30日获得授权。❶

案例（3）：申请人在答复审查意见的过程中认为原申请的独权中存在非必要技术特征，于是将该非必要技术特征删除，审查员以该修改扩大保护范围为由对此修改不予接受。申请人基于删除非必要技术特征的技术方案提出分案申请并顺利获得受理。

通过以上案例，可以清楚地看到一幅相互矛盾的图景：一方面，为了维护公众利益，审查员严格要求申请人按照修改规则的规定对申请文件进行修改，以防止申请人通过不当修改获得不当利益；另一方面，千方百计想获取更大利益的申请人在不当修改受阻的情况下，却可以轻松地通过现行分案申请制度来规避修改规则的限制，进而保护自己的不当利益。在专利法体系的内部，分案申请制度与修改规则之间存在难以协调的冲突。这种冲突暴露了现行分案申请制度中诸多不合理之处，促使我们对冲突背后的根源进行反思。

2. 冲突根源的法理分析

通过将分案申请制度与修改规则相互参照比较，可以发现两者有以下异同：

首先，在内容限制上，分案申请制度与修改规则都不约而同地规定了：分案申请“不得超出原申请记载的范围”（《细则》第43条第1款）以及“对发明和实用新型专利申请文件的修改不得超出原说明书和权利要求书记载的范围”（《专利法》第33条）。但不同点在于，分案申请制度除了在《指南》第二部分第六章第3.2节进一步限定了“分案以后的原申请与分案申请的权利要求书应当分别要求保护不同的发明”之外，对分案申请的内容便再也没有任何限制，而所谓的“不同的发明”也只不过是要求原申请和分案申请的权利要求保护范围不同而已。反观修改规则，除了将《专利法》第33条作为在所

❶ 张立泉．试析专利分案的不当得利及其对策［M］//中华全国专利代理人协会．实施国家知识产权战略　促进专利代理行业发展——2010年中华全国专利代理人协会年会暨首届知识产权论坛文集，2010.

有涉及修改的程序中对修改行为限制的总要求之外，还在《细则》第 51 条、第 52 条，以及《指南》第二部分第八章第 5.2 节中还进一步规定了“应当针对通知书指出的缺陷进行修改；不允许主动删除独立权利要求中的技术特征扩大该权利要求请求保护的范围以及不允许主动增加在原权利要求书中未出现过的新的权利要求”等限定。可以说，修改规则在内容上的限制要比分案申请制度严厉许多。这就解释了申请人为什么在不当修改受阻后会积极主动地提出分案申请。申请人意图通过分案申请制度较为宽松的限制来规避修改规则严厉的束缚，以保护自身的不当利益。

其次，在时间限制上，根据分案申请制度，只要原申请尚未结案，亦即从原申请提交之日起至原申请结案之日止，申请人均可以基于原申请主动提出分案申请。而修改规则却将专利申请的整个过程精细地划分为初步审查阶段、实质审查阶段、答复审查意见阶段以及授权阶段等，并且随着审查阶段的递进，对申请文件的修改限定得越发严格。结合上述内容限制的分析可知，当处于实质审查阶段时，申请人如果需要对权利要求进行主动修改，例如扩大、缩小、变更和新增权利要求，此时分案申请制度和修改规则所规定的限制都是一样的，即只要不超过原申请记载的范围即可。换言之，在这个阶段，如果申请人需要调整权利要求则只需要直接进行主动修改即可，没有必要提出分案申请。当处于答复审查意见阶段时，对申请人修改申请文件的限制骤然变得严格起来，除了不能进行扩大、新增权利要求等调整之外，修改还只能针对通知书所指出的缺陷进行。反观分案申请制度，申请人在此时所受到的限制仍然只是“不得超出原申请记载的范围”。当处于授权阶段，申请人自收到授权通知书时起仍然有两个月的时间提出分案申请，即只要满足“不超出原申请记载的范围”，申请人就可以通过“上位概括”或“删除技术特征”对权利要求保护范围的进行扩大以及新增权利要求。而反观修改规则，在这个阶段申请人基本上没有修改权，只有审查员的职权修改。可以说，分案申请制度和修改规则对于内容修改的限定在实质审查的主动修改阶段之后就发生了分野，两者随着时间的推移而产生的冲突也越发明显。

最后，在前提条件上，修改规则下的修改除了极少的主动修改之外，所有的修改基本上都是被动修改，即基于对审查意见的回应而进行的修改。而对于分案申请制度而言，根据前述的分析，申请人几乎不受限制，可以随意主动地提出分案申请。

综上可知，正是由于现行分案申请制度在前提条件、时间限制、内容限制上的层层失控才导致了分案申请制度与修改规则的冲突。而分案申请制度在与修改规则的冲突中所暴露出来的种种不合理的情形是由于我们对其制度本质缺乏正确的认识所导致的。

3. 分案申请制度本质的再认识

有观点认为，分案申请应当视为一件新申请，这种观点并没有洞见分案申请的本质。“这一特殊的专利申请，实际上是对专利申请的一种特别修改”❶。更确切地说，分案申请是先修改，再申请，重点在于修改。“修改”使得权利要求的保护范围前后有别；“申请”使得分案与原申请相互分离而成为独立于原申请之外的另一申请，“即使原申请被撤回、放弃、驳回或被宣告无效，对分案申请也不会发生任何影响”❷。因此，在对分案申请进行制度设计的时候，应该将重点放在如何规制分案申请的修改功能上，而不只是简单地将其视为新申请。现有的分案申请制度从分案申请的前提条件、时间限制以及内容限制等角度对分案申请进行了规制。但是，如上述分析可知，前提条件的限制由于在字面解释上的漏洞以及在实务层面的默认使得分案申请并没有与“缺乏单一性”这一核心要件绑定在一起，成为形同虚设的摆设。另外，在内容限制上，仅仅依靠“不得超出原申请记载的范围”以及“应当分别要求保护不同的发明”的规定使得对内容修改的限制过于单薄。再加上时间限制上的宽松，申请人在从原申请提交之日起至结案之日止这段漫长的申请过程中都可以对权利要求的内容进行相当自由的修改。在某种意义上，我国的分案申请制度架空了修改规则，使申请人成功逃避了修改规则的约束，引发了主动分案申请的泛滥。此外，还需要进一步追问的是，虽然分案申请在本质上是一种“特别的修改”，但是申请人为什么会有动力去主动启动这种修改呢？尤其是在还要付出不菲的申请成本的情况下。

申请人想要就自己的发明创造申请获得专利权，就必须以向公众公开自己的技术方案为前提条件，这就是所谓的“以公开换得保护”的原则❸。由于分案申请不得超出原申请记载的范围，因此分案申请与原申请相比不会增加新内容，其向公众公开的信息早已固定。“但同时，发明人总是期望在有限的技术贡献的基础上，最大限度地拓宽自己的权利要求，谋求最大的利益”❹。例如，

❶ 汤宗舜．专利法教程[M]．3版．北京：法律出版社，2003：126.

❷ 王迁．知识产权法教程[M]．3版．北京：中国人民大学出版社，2011：296.

❸ 尹新天．中国专利法详解［M]．北京：知识产权出版社，2011：35.

❹ 崔国斌．专利法原理与案例［M]．北京：北京大学出版社，2012：307.

从专利申请提交到最终授权，往往需要几年时间，但在这期间随着市场发展，申请人可能会发现在说明书中记载的或者可归纳组合的但未在权利要求书中请求保护的那些技术方案具有很大的市场价值，于是提出分案申请对那些技术方案进行保护。或者申请人结合“可以直接地、毫无疑义地确定的内容”撰写新的权利要求，通过分案申请来扩大权利要求的保护范围从而使竞争对手的产品落入自己权利要求的保护范围等。因此，谋求不当利益是申请人主动分案的主要动机。

五、分案申请制度的完善建议

“任何学科的体系表象，都体现为一定的知识整体性，而这种整体性基础的合理程度、知识内部的逻辑一致程度，都是有高下之分的”❶。分案申请制度与修改规制之间的逻辑冲突给我国专利法体系带来了负面的影响，引发了体系危机，即专利法体系作为一个整体必须满足内部各种制度、规则、原则之间的逻辑自洽及顺利衔接，否则我国的专利法体系就只不过是一部东拼西凑的“法条汇编”而已。因此，为了进一步完善分案申请制度，本文提出以下建议：

首先，在前提条件上，将《细则》第 42 条第 1 款规定修改为：一件专利申请只有包括两项以上发明、实用新型的，申请人才可以在规定的期限内提出分案。从而把分案申请的前提条件明确规定为只有在缺乏单一性的情况下才能提出分案申请，使分案申请制度回归其制度设计的初衷。

其次，在时间限制上，将分案申请的提交期限限定为“在收到第一审查意见通知书后的 12 个月内”。从而把主动分案从与被动分案（根据审查意见的要求而进行的分案）相并列的概念变成仅仅是对被动分案的补充，即主动分案是在审查员应当发现单一性缺陷却没有在审查意见通知书中指出的情况下申请人对审查员的主动提醒。同时，将期限限定在 12 月内可以避免产生分案申请距离原申请时间过长的问题。

最后，在操作方式上，在《指南》中补充规定：申请人在进行分案申请时，除了提交分案申请文本之外，还必须提交带有修订标记的对照文本，标明分案申请和原申请之间的差别；并提供简要说明，在简要说明中对分案申请的权利要求与原申请的权利要求之间存在差别的原因进行说明。便于审查员在受

❶ 李琛．论知识产权法的体系化［M］．北京：北京大学出版社，2005：39.

理阶段就可以对分案申请和原申请进行关联性审查，避免不符合要求的分案通过初步审查。

随着我国知识产权制度的不断发展和完善，《专利法》《细则》及《指南》也历经多次修改，特别是在2001年、2006年、2010年三次修改《指南》的过程中，对有关分案申请的相关规定作出了较大的修改和完善。如今恰逢我国《专利法》第四次修改之契机，本文抛砖引玉，意在引起业界对滥用分案申请问题的重视，共同推进分案申请制度的完善，使之能够真正发挥作用，最终实现申请人和社会公众之间的利益平衡。

技术效果的法律作用及撰写策略

聂慧荃* 李 阳*

【摘 要】

技术效果作为技术方案三要素之一，业界已经普遍关注到其对创造性判断的影响，但对于技术效果与其他法条之间的关联，并未引起足够的关注与研究。事实上，专利文献中技术效果的撰写方式还会关系到必要技术特征的认定、权利要求能否得到说明书的支持、专利授权客体乃至公开不充分等方面。专利撰写中对技术效果的合理挖掘与构建，会对后续的专利授权、确权与行权产生卓有成效的影响。本文旨在结合近年来最高院于典型案例中阐明的观点，深入理解技术效果在相关法条中的法律作用，探求专利申请文件中技术效果的更好撰写策略，实现对所要保护的发明创造的行之有效的保护。

【关键词】

技术效果 作用 撰写

---

* 作者单位：隆天知识产权代理有限公司。

一、引　言

据最新统计数据，2015 年国家知识产权局共受理发明专利申请 110.2 万件，同比增长 18.7%；全国专利行政执法全年办案总量 3.5844 万件，同比增长 46.4%。在专利申请量与专利纠纷量都激增的大环境下，尽管各种案情纷繁复杂，对法律条款适用标准的争议也此起彼伏，但追本溯源，专利申请文件撰写的质量是保障专利权行使的根本。对专利申请撰写质量的把控，除了需关注对技术方案本身的实际描述外，还需对撰写内容与专利法相关法条之间的内在关联性，撰写内容对后续权利行使的支持性等方面作更为深入的思考。

作为技术方案三要素之一的技术效果，业界已经普遍关注到其对创造性判断的影响，特别是预料不到的技术效果对创造性判断的影响，但对于技术效果与其他法条之间的关联，并未引起业界人士足够的关注与研究。事实上，在专利文献中，技术效果的撰写方式还会关系到必要技术特征的认定、权利要求能否得到说明书的支持、专利授权客体乃至公开不充分等方面。专利撰写中对技术效果的合理挖掘与构建，会对后续的专利授权、确权与行权产生卓有成效的影响。

二、技术效果在专利相关法条适用上的影响

1. 影响必要技术特征的认定

必要技术特征是指，发明或者实用新型为解决其技术问题所不可缺少的技术特征，而该“技术问题”是指专利说明书中记载的专利所要解决的技术问题，也就是专利申请人在说明书中声称的其要解决的技术问题。专利实践中，技术效果已成为判断独立权利要求是否缺少必要技术特征的考虑因素之一，特别是在申请文件中没有明确记载其声称要解决的技术问题时。

在（瑞士）埃利康亚洲股份公司与专利复审委员会、刘夏阳等发明专利权无效行政纠纷提审案［（2014）行提字第 13 号］[1] 中，最高人民法院（以下简称“最高院”）指出：“在认定专利所要解决的技术问题时，应当以说明书中记载的技术问题为基本依据，并综合考虑说明书中有关背景技术及其存在的技术缺陷，涉案专利相对于背景技术取得的有益效果等内容。”在该案例

---

[1] 陶凯元，宋晓明．最高人民法院知识产权审判案例指导（第七辑）［M］．北京：中国法制出版社，2015：167－182.

中，最高院就是引用了涉案专利说明书中关于所要解决的技术问题、有益技术效果以及背景技术的记载内容，认为这三方面内容相互呼应、彼此印证，足以说明涉案专利要同时解决可靠传送、传送速度、减小空间、减小成本四个方面的技术问题。

这一观点充分肯定了技术效果在认定独立权利要求是否缺少必要技术特征时的辅助判断作用。

2. 影响权利要求能否得到说明书支持的认定

权利要求书以说明书为依据，就要求权利要求概括的范围应当与说明书公开的内容相适应，符合专利制度“以公开换保护”的立法宗旨。技术效果同样是判断权利要求概括范围是否适当的考虑因素之一。

在（美国）伊莱利公司“立体选择性糖基化方法”发明专利权无效行政案［（2009）知行字第3号］中，最高院在考虑支持问题时，重申了《专利审查指南2010》[1]中提出的观点：“权利要求所要求保护的技术方案应当是所属技术领域的技术人员能够从说明书充分公开的内容中得到或概括得出的技术方案，并且不得超出说明书公开的范围；如果权利要求的概括使所属技术领域的技术人员有理由怀疑该上位概括或并列概括所包含的一种或多种下位概念或选择方式不能解决发明所要解决的技术问题，并达到相同的技术效果，则应当认为该权利要求没有得到说明书的支持。”

从以上观点可知，判断权利要求中的上位概括或并列概括的范围是否适当时，需要考虑其涵盖的所有的下位概念和选择方式能否都解决其声称要解决的技术问题，同时达到相同的技术效果。可见，技术效果对于概括适当性的判断也具有重要影响。

3. 影响对同样的发明或实用新型的认定

技术效果也是新颖性判断中的一个考量因素。

审查指南在“新颖性判断”中规定，在判断被审的技术方案与对比文件公开的技术方案实质相同后，还需判断这两者能否适用于相同的技术领域、解决相同的技术问题，并具有相同的预期效果[2]。

业界也存在一种观点，相同的结构必然会带来相同的技术效果；而基于审查指南中的观点可知，技术方案相同未必就是同样的发明或实用新型，还需要

---

[1] 参见《专利审查指南2010》第144页第2段。

[2] 参见《专利审查指南2010》第156页最后一段。

考虑其技术领域、技术问题、技术效果的相同性。对比这两者不难看出，前一观点实际上忽略了对技术领域、技术问题、技术效果的考量。

进行特征比对时，若要判断现有技术中的某个技术特征与被比权利要求中的一技术特征是否等价相当，对应关系是否成立，需要考虑这两个技术特征分别在现有技术（对比文件）和在该权利要求的方案中所起的作用是否相同，这同样离不开对它们各自技术效果的解读。

4. 影响发明或实用新型创造性的认定

发明或实用新型的技术效果是判断创造性的重要因素，这也是目前业界对技术效果讨论与关注较多的一个影响。

技术效果对创造性的影响主要体现在三个方面：对重新确定的技术问题的影响、对判断是否存在技术启示的影响以及对技术进步性的影响。本领域技术人员根据发明客观上达到的技术效果来确定发明实际解决的技术问题，并以此为基础进行技术启示的判断。

具体而言，首先，确定发明实际要解决的技术问题（重新确定的技术问题），需要根据区别技术特征所能达到的技术效果来确定的。《专利审查指南2010》中指出："作为一个原则、发明的任何技术效果都可以作为重新确定技术问题的基础，只要本领域的技术人员从该申请说明书中所记载的内容能够得知该技术效果即可。"

其次，在判断现有技术中是否存在技术启示时，需要考虑区别技术特征在现有技术（对比文件）的方案中所起的作用与该区别技术特征在要求保护的发明中为解决该重新确定的技术问题所起的作用是否相同。即无论是公知常识还是对比文件中披露的技术特征，结合的启示是要求该特征作为公知常识所起到的作用或者在对比文件中的作用与本发明中的作用相同。技术效果往往是作用的结果，作用的相同与否自然会体现在技术效果的差异上。因此，现有技术中有无结合启示与技术效果之间存在密切联系。

最后，创造性中的技术进步性是需要与现有技术进行技术效果的比对来确认的。

此外，因技术效果"质"变（新性能的出现）或"量"变（无法实现预期或推理）而达成的"预料不到的技术效果"，已作为创造性判断的辅助考虑因素而被普遍使用，在医药化学领域更是如此。

三、专利授权确权实践中技术效果的认定标准

在专利申请文件中，技术效果通常由以下两方面来体现：（1）对于技术方案所起到作用与效果的正面描述；（2）根据背景技术部分所提及的现有技术中存在的缺陷来导出。技术效果既包含了说明书中明确记载的技术效果，还包含了本领域技术人员根据专利申请文件记载的内容能够得知的技术效果（隐含的技术效果）。

在专利授权确权实践中，对于隐含的技术效果的认定事实上采用了相对从严的标准。如果申请人所声称的技术效果没有记载在原申请文件中且不能明显地从申请文件的相关记载内容中导出，那么这些技术效果在创造性评价中通常不会被审查员或法官考虑。无论是审查员还是法官，基本都立足于《专利法》的立法宗旨，对说明书中未明确记载的技术效果的认定采取了比较审慎的态度。

最高院的下述观点在具体实践中得到了良好的遵循。最高院在发明专利权无效行政纠纷案［（2011）行提字第8号］中指出，“专利申请人在申请专利时提交的专利说明书中公开的技术内容，是国务院专利行政部门审查专利的基础；专利申请人未能在专利说明书中公开的技术方案、技术效果等，一般不得作为评价专利权是否符合法定授权确权标准的依据，否则会与专利法规定的先申请原则相抵触，背离专利权以公开换保护的本质属性”。最高院在（2013）知行字第77号行政裁定书中，就专利技术效果的认定重申：“未记载在说明书中的技术贡献不能作为要求获得专利权保护的基础。”[1] 在该判决中，最高院坚持，对专利权的保护应当与发明人相对于申请日前的现有技术所作出的技术贡献相称，其技术贡献应当充分公开，并记载在说明书中。

对于预料不到的技术效果认定，《专利审查指南2010》规定，“发明取得了预料不到的技术效果，是指发明同现有技术相比，其技术效果产生‘质’的变化，具有新的性能；或者产生‘量’的变化，超出人们预期的想象。”[2] 然而，实践中对于如何认定仍难免存在困惑与分析。最高院在前述第77号裁定中，更为客观地考虑了本领域技术人员的可预见程度，就预料不到的技术效

---

[1] 陶凯元，宋晓明．最高人民法院知识产权审判案例指导（第七辑）［M］．北京：中国法制出版社，2015：151－162．

[2] 参见《专利审查指南2010》第182页“5.3 发明取得了预料不到的技术效果”。

果的认定给出了更为客观具体的判读规则，即："在认定是否存在预料不到的技术效果时，应当综合考虑发明所属技术领域的特点尤其是技术效果的可预见性、现有技术存在的技术启示等因素。"

最高院在"用于治疗糖尿病的药物组合物"发明专利权行政纠纷案［（2012）知行字第41号］中也明确提出："创造性判断中，当专利申请人或专利权人在申请日后补充对比试验数据以证明专利技术方案产生了意料不到的技术效果时，接受该实验数据的前提是其用以证明的技术效果在原申请文件中有明确记载。"

对于区别技术特征仅在于数值范围的权利要求，在判断该权利要求是否具备创造性时，应当考虑其选择的数值范围与现有技术相比是否取得了预料不到的技术效果，未取得预料不到的技术效果的数值范围选择不能给该权利要求带来创造性［最高人民法院（2014）知行字第84号判决］。

四、技术效果的撰写策略

基于上述法律规定和司法判例实践，笔者认为在专利申请文件撰写过程中，在清楚描述技术方案的同时，要始终关注技术效果与相关法律条款之间的内在联系，既能够通过技术效果的撰写体现出技术方案创造性的高度，又能避免引发缺少必要技术特征和不支持的问题。

1. 清楚记载涉及发明点的基本技术效果

申请人可能会基于种种复杂因素考虑而不愿给出有关技术效果的过多记载，但撰写时，至少应当给出涉及发明点的基本技术效果的描述，该技术效果既可以通过对反面缺陷的描述来体现，也可以通过正面功能、作用方式、效果等形式来体现。

同时，应当在申请文件中为该基本技术效果留出外延空间。无论是以何种形式记载该基本技术效果，都可以考虑在申请文件中给出一定的工作原理、配合作用方式、操作状态等方面说明，并建立明确的逻辑推导关系，以便后续能够由此基本技术效果直接地、毫无疑义地导出与某一/某些技术手段相关的其他技术效果，进而实现技术效果的扩展。

2. 分层次撰写技术方案所取得的技术效果

在进行技术效果的架构时，要始终注意技术效果的定位对必要技术特征问题和支持问题的潜在影响，重视技术效果与技术问题之间的相互印证性，体现技术效果的层次性，避免将技术效果过于笼统地写在一起，特别是要避免将整体技术效果写成各个技术效果的简单叠加。

分层次撰写技术效果，既要从宏观上写明整体技术方案的技术效果，又要从微观上写明某技术特征的功能作用，体现该技术特征在整体技术方案中所起的作用；既要避免局部技术效果与整体技术效果的混同，也要避免基本技术效果与优选技术效果的混同。

3. 注重技术效果与技术手段之间的关联性，体现应当的技术效果

对于技术效果的挖掘不能忽视技术效果与技术手段之间的关联性，特别是技术效果与必要技术特征之间的关联性，这种关联性的建立能够保证权利要求的架构更为合理且更具层次性，也能够为后续发明点的变动做好铺垫。

更为重要的是，这种关联性的建立有利于发现对技术效果的不适当挖掘。尽管针对技术方案中某些技术特征带来的技术效果的挖掘，可以为后续创造性的答辩留出更多的可变组合空间；但技术效果不是越多、越细、越优就越好，过度拆分技术特征来分析技术效果会割裂技术特征之间的关联性，破坏技术特征协同作用所带来的技术效果，使授权确权实践中更容易被使用对比文件的组合破坏创造性，在侵权分析更难被认定技术特征的等同性。

技术效果的挖掘不能以破坏技术特征之间的关联性为代价。撰写中技术效果应当拆分挖掘到何种程度，我们可以借鉴于萍在考虑技术特征关联性时提出的观点，即“特征之间的相互关联、相互作用，可以是例如工作方式中的条件关系、机械结构中的配合关系、物质间的化学反应关系等。如果某区别技术特征离开其他的一个或者几个区别技术特征就不能实现其在发明整体技术方案中的功能和作用，则可认为该区别技术特征与其他区别技术特征之间是相互关联、相互作用的，此时应将这些技术特征作为一个整体判断其在发明技术方案中的作用，并据此确定发明实际要解决技术问题。否则，可认为该区别技术特征与其他区别技术特征之间相对独立，则可以分别对待，分别确定其各自解决的技术问题”❶。

4. 对于貌似简单的结构或相似结构，需要更多地利用技术效果方面的撰写来体现其对现有技术的贡献

对于貌似简单的结构，需要从是否存在复杂的工作原理、是否存在要素省略、是否打破现有技术的常规思维等方面来考虑构建技术效果，既可以在背景

❶ 于萍. 创造性评价中实际解决技术问题的确定——专利法热点问题专家谈（四）［EB/OL］.（2013－12－20）. http：//www. sipo. gov. cn/mtjj/2013/201312/t20131220_890734. html.

技术中给出发明所针对的技术现状的特定说明，也可在具体实施方式部分详细说明相关技术特征的特殊作用或技术效果，给出其与现有技术在工作原理和操作过程等方面的不同。

对于相似结构，可以尝试从相似结构在整体技术方案中作用的不同或其与关联技术特征的协同作用上来构建技术效果，写清该相似结构在实际作用上与现有技术的不同，体现因其与相关部件的配合关系、连接关系、相互作用关系等方面的特殊性而在技术效果上存在的明显区别。

5. 根据产品实际情况，斟酌是否需要将体现技术效果的限定写入权利要求中

尽管审查指南中规定，对于产品权利要求来说，应当尽量避免使用功能或者效果特征来限定发明，但在实践中，仍可以尝试从功能和作用等方面对相应技术特征进行限定，以凸显该技术特征在整个技术方案中所起的作用与现有技术的不同，从而有利于主张权利要求的创造性。

6. 对于申请时认为属于“预料不到”的技术效果，不仅应当在申请文件中明确记载该预料不到的技术效果，而且应当在申请文件中给出体现该技术效果如何预料不到的素材，提供用以证明“预料不到”的依据

具体而言，当主张发明产生了预料不到的技术效果时，不应局限于描述技术方案中组分及其含量的变化所客观带来的效果，还应当给出足以证明该技术效果超越了本领域技术人员能够预期的程度的材料，比如，记载内容能够反映物质新性能的出现且这种出现不属于本领域技术人员基于某技术特征的固有属性或已知性能便可预见的范畴；给出相关背景技术的介绍、本领域的普通知识或本领域的特点、实验设计等来印证多种化合物联用产生了超预期的协同增效作用；提供证明性能改进的不可预见性的、基于同一比较基准的对比试验数据等。

在（2012）知行字第41号判决中，最高院也给出了说明书中应当达到的对预料不到的技术效果的记载程度，即“根据现有技术，本领域技术人员无法预测请求保护的技术方案能够实现所述用途、技术效果时，说明书应当清楚、完整地记载相应的实验数据，以使所属技术领域的技术人员能够实现该技术方案，解决其技术问题，并且产生预期的技术效果。凡是所属领域的技术人员不能从现有技术中直接、唯一地得出的有关内容，均应当在说明书中予以表述。”

最后，需要保证该预料不到的技术效果是在该权利要求的整个保护范围内都可以实现的技术效果，以避免基于实验例或比较例概括出的方案中存在不能产

生该预料不到技术效果的方案，从而引发权利要求得不到说明书支持的问题。

五、结　　语

随着我国知识产权事业的迅猛发展，专利确权与授权中的多方博弈对专利申请文件的撰写质量提出了更高的要求，撰写者在描述发明创造本身之外，更应深入理解相关法律条款，将对法条的理解融会贯通于撰写的细节，从根源上构建符合保护需求的撰写方案。笔者希望，技术效果与上述诸多法律条款之间的内在联系能够引发撰写者的思考，上述技术效果的撰写策略能够对他们的撰写有所裨益。

论专利申请服务和专利申请文件撰写

刘　森*

【摘　要】

随着客户对专利代理服务要求的提高，专利代理人所撰写的专利申请文件的撰写质量也需要提高。专利申请文件的撰写质量能够决定一个技术方案的命运，追求专利申请文件的撰写质量是申请人和专利代理人一定要做的事，而与客户良好地沟通也对专利文件的撰写有着至关重要的作用。本文将浅谈提高专利申请服务，提高申请文件的撰写质量。

【关键词】

申请文件　权利要求　修正　撰写原则　质量

专利代理是指在申请专利、进行专利许可证贸易或者解决专利纠纷的过程中，专利申请人（或者专利权人）委派具有专利代理人资格的在专利局正式授权的专利代理机构中工作的人员，作为委托代理人，在委托权限内，以委托人的名义，按照《专利法》的规定向专利局办理专利申请或其他专利事务所进行的民事法律行为。专利代理还包括，专利代理人接受专利权无效宣告请求人的委托，作为委托代理人，在委托权限内，以委托人的名义，复审委按照

* 作者单位：北京三友知识产权代理有限公司。

《专利法》的规定向专利员会办理专利权无效宣告请求相关事宜。而专利申请文件的撰写则是专利代理服务中的一项重要内容。

随着客户对专利代理服务要求的提高，专利代理人所撰写的专利申请文件的撰写质量也需要提高。专利申请文件的撰写质量能够决定一个技术方案的命运，甚至影响到其后期的授权和维权，追求专利申请文件的撰写质量是申请人和专利代理人一定要做的事。一份质量较高的专利申请文件，其表述的技术方案一般具有较强的有效性，从另一个角度来说是具有较少的撰写损失。因此，在专利代理人进行文件撰写时，需要与客户进行良好的沟通，若能够尽可能通过沟通发现申请文件的不当之处，则可以对申请文件及时进行修正，从而提高申请文件的质量。

专利申请文件质量不佳一般会以多种形式出现，例如，口头语、方言土语、语句过于复杂和语法规则杂乱均可能导致文件内容不清楚等问题。此处我们要讨论的问题不涉及上述由代理人撰写的基本素质导致的问题，只涉及由于对《专利法》的理解存在问题而使得撰写时出现的问题，更具体地说是涉及审查指南的理解和运用的问题。

而相反的，一篇高质量的专利申请文件需要存在如下特征：技术方案的主题抓得准；权利要求和说明书清楚；权利要求、说明书有效，且说明书公开的技术方案充分；权利要求层次分明、保护范围适当。当然，只有在撰写阶段充分与客户进行沟通，并认识到现有技术和本发明技术方案的基础上，并充分地考虑到审查、无效等阶段可能出现的问题，才有可能撰写出具有上述四个特征的申请文件。一般认为，专利申请文件的撰写依赖专利代理人的三方面能力，即理解技术的能力、自身的法律修养和撰写的基本素质。理解技术的能力能够影响代理人与发明人的交流质量，从而影响技术方案的挖掘是否充分以及对技术方案的再创造程度；自身的法律修养决定了代理人是否能够将一个技术方案按照《专利法》的要求恰当地撰写出来，并且这种撰写充分考虑到了审查阶段和可能出现的无效、诉讼阶段出现的问题；撰写的基本素质能够决定撰写效率、减少撰写损失的程度等。由于撰写的不当可能会降低申请文件的质量、影响其有效性，但是任何人上述三方面能力都不可能完美无缺，尤其在上述三方面能力有缺陷时，更难以避免撰写损失，因此，及时发现专利申请文件撰写的问题，及时修正就具有特殊的意义。

在审查指南中规定了专利说明书的组成部分及其关系和权利要求的撰写原则，因此，依据审查指南所规定的说明书、权利要求书的撰写方式和规定可以获得一个原则，称为“匹配原则”；另外，依据独立权利要求和从属权利要求的撰写方式和规定可以获得两个原则，分别为“整合原则”和“代替原则”，上述原则可以用于确定申请文件是否存在形式、构思等缺陷，例如表述方式的缺陷。

上述的匹配原则，就是核查说明书的主题名称、技术领域、背景技术及问题、本发明要解决的问题与独立权利要求、发明的技术效果之间的匹配关系，如果上述内容的每个部分不清楚、表述有缺陷或各部分之间逻辑上不协调，相互不支持，就不符合该匹配原则。因此，该原则可用于代理人自己核查说明书各部分内容、各部分内容之间，说明书和权利要求书之间，权利要求的各个特征自身、特征之间以及有引用关系的不同权利要求之间的内容是否匹配，从而确定上述内容是否存在撰写缺陷。匹配原则核查的对象是逻辑支持的充分性和准确性，适用于说明书和权利要求书的核查，例如权利要求中特征语句间的逻辑和特征语句本身的逻辑是否准确、充分等。

所谓整合原则和代替原则主要来源于审查指南中关于权利要求撰写的下述规定：(1) 独立权利要求应当包括前述部分和特征部分，其中前述部分记载与最接近的现有技术共有的必要技术特征，特征部分记载必要的区别特征；(2) 从属权利要求包括引用部分和限定部分，其中限定部分记载附加技术特征，该附加技术特征是对所引用权利要求技术特征进一步限定的技术特征，也可以是附加技术特征；(3) 权利要求的内容应当与要解决的技术问题有关。因此，在合理撰写独立权利要求时，每一个从属权利要求与其引用的权利要求结合起来应当能够构成一个完整的解决技术问题的技术方案。更具体地说，如果具体的附加特征是追加型特征，则将新的特征整合到原特征集合中应当能够构成一个新的、完整、合理的技术特征的集合，即符合整合原则；如果具体的附加特征是对所引用权利中所概括的实体特征、关系特征、限定特征（这是指针对装置，对于方法则对应为实体特征、动作特征、限定特征）的实例化特征（用具体支持概括的特征）或新的限定特征，则用该实例化或新限定的特征代替所概括的特征，新的特征集合也应当是完整、合理的技术特征的集合，即符合代替原则。

需要指出的是，审查指南强调的是特征，因此，在代理人撰写从属权利要求时，至少应当搞清下述问题，否则可能导致不清楚：从属权利要求的特征是追加型特征还是实例化（限定）型特征；如果是实例化型特征，其所涉及的特征对象，即是哪个特征的实例化或是对哪个特征的限定。

综上，当一篇专利申请文件的逻辑混乱时，该专利申请文件的有效性将会受到质疑。一般专利申请文件常出现的问题有各部分内容整体之间、各部分内容内部都可能存在不匹配的现象，例如主题名称与发明的实质内容不匹配（例如主题名称是一种燃煤锅炉节能装置，而该发明的实质内容一直在描述燃煤锅炉本身的结构，而脱离了节能装置本身），主题名称与现有技术的问题以及本发明要解决的问题，以及本发明方案不匹配，此处要特别注意的是确定好本发明实际要解决的技术问题，不能将实际解决的技术问题概括得过大，以避免造成技术方案无法解决技术问题的后果。另外，除上述存在不匹配的现象外，权利要求之间还有些不符合整合原则和代替原则等情况。这样将使各部分内容缺乏效力以及缺乏相互之间互相支持的凝聚力，难以成为一篇有效力的申请文件，并为将来的审查程序和可能出现的无效、诉讼程序预留了较多的隐患，当然也增加了修改的难度和工作量。如果仅独立地看待各部分内容，上述问题很难发现，然而通过匹配原则、整合原则和代替原则就可以检测出来。有时，独立权利要求 1 的缺陷，将会导致撰写的从属权利要求难以符合所述三个基本原则，甚至导致无论如何修改也无法增加其有效性。因此，我们在讨论权利要求的保护范围以前，首先应当讨论其有效性。基于可能无效的权利，讨论保护范围是没有意义的。

审查指南中评价专利申请文件撰写质量的三个基本原则可用于评价或衡量专利申请文件的撰写质量，如果文件的内容不符合上述三个基本原则，则该文件肯定会存在较多的撰写损失，文件的有效性会变差，会有较多的将来被对手利用的缺陷存在。所述三个基本原则用于评价阶段仅能用于某种程度上判断权利要求、说明书是否有效以及是否清楚问题，难以全面解决问题是否抓准、公开是否充分得当、权利范围和层次是否适当等问题。当然，将所述三个基本原则用于撰写阶段对提高文件质量也会有较大帮助。相信我们代理人如能熟练应用上述三个基本原则，很多复杂的问题都可能解决，但如何写得更充实、有效，例如如何使权利要求 1 更恰当且有效等，还需要有其他的解决方法配合，例如，如何有效挖掘技术内容的方法，如何撰写更有效问题分析的方法。

另外，对于一篇专利申请文件来说，技术方案的充分公开以及权利要求的保护范围的设定也是非常重要的，在撰写之前或自检中，需要代理人搞清楚本发明的核心发明点，对发明点的具体实现方式予以充分的公开。

在一篇申请文件中，我们首先要清楚技术文件的发明目的，发明目的起到了非常重要的作用。根据发明目的，我们能够确定实现该发明目的的必要技术特征，并能够得到本发明的核心发明点。而该发明目的一般与现有技术的缺点相对应。

在分析现有技术的缺点时，不同的现有技术缺点有可能从文字表述上看是类似的，但其所涉及的技术方向的各不相同，而方向不同的现有技术缺点，克服该缺点的技术思路也必然不同。因此，我们要考虑到第四个基本原则，即“聚焦原则”。聚焦原则指的是：在分析一篇技术交底书时，应该根据现有技术的缺点所对应的技术方向，有针对性沿着该方向去分析发明人解决这一方向问题的核心思路，并结合该分析，确定本发明的核心发明点，在该核心发明点的基础上向外发散，以实现对技术方案进行适当的扩充。

在利用聚焦原则进行撰写和自检时，我们需要注意的是，在分析技术方案时，要沿着一个方向进行，而不是沿着多个方向进行。例如，现有技术中有的问题属于设备改造方面、有的问题属于信号通信方面，在实际的撰写中，我们应该从不同现有技术的缺点中明确一个现有技术的缺点，并以该缺点所涉及的技术问题作为后续分析的方向，以达到明确聚焦方向的目的，从而合理利用聚焦原则。

另外，聚焦原则的焦点要清晰明确。作为焦点，首先应该确保该缺点本身的含义，不能存在该缺点本身含义不确定的情况。又有明确了现有技术的缺点和本质、才能利于我们结合现有技术的缺点对技术方案进行挖掘或者对我们撰写的申请文件进行自检。

对于现有技术的缺点来说，我们要明确现有技术的缺点以及所涉及的技术方向，以便明确后续分析方案以及确定必要技术特征的聚焦方向。此外我们在对现有技术缺点进行分析时，也要避免现有技术模糊不清的情况。

综上所述，在撰写专利申请文件时，通过上述四个基本原则，即匹配原则、整合原则、代替原则和聚焦原则来判断所撰写的专利申请文件是否符合要求，可以核查出专利申请文件的缺陷，便于我们专利代理人及时改正专利申请文件中的不足。

参考文献

［1］中华人民共和国国家知识产权局．专利审查指南 2010［M］．北京：知识产权出版社，2009：130 – 152.

［2］隋建新．如何撰写高质量专利申请［EB/OL］．（2005 – 08 – 09）．http：//www.docin.

com/p-1803085462. html.

[3] 陈易华. 浅谈专利申请文件的撰写规范 [N/OL]. 知识产权报, (2009-02-13). http://bianke. cnki. net/web/article/J168_1/ZSCQ200902130042. html.

[4] 逯长明. 浅谈评价专利申请文件撰写质量的基本原则 [EB/OL]. (2004-12-15). http://www. doc88. com/p-0843279528250. html.

第五部分

新业态下知识产权服务模式的创新和思考

"走出去"趋势下专利代理服务业国际化发展之路探讨

刘　蕾*

【摘　要】

随着"十三五"规划将"一带一路"作为我国未来发展和对外开放的主要战略，我国对外开放战略乃至整体经济发展战略进一步升级，企业大规模"走出去"将成为不可阻挡的趋势。在这一趋势下，探索专利代理服务业国际化发展之路的价值凸显出来。当前，创新热潮正在全国掀起，这必然会促进高端制造业和战略性新兴产业的迅速发展，由此必然会不断扩大知识产权服务业尤其是专利代理服务业的需求，从而给该行业带来广阔的发展空间并提供良好的发展机遇。但实践也表明我国专利代理服务业客观存在一些问题需要解决，这也是未来专利代理服务业走上国际化发展之路必须克服的困难。这些问题包括专利代理服务与企业创新联系不足；代理机构业务"同质化"严重引发机构间恶性竞争，影响专利质量；对外业务有限，未能形成与企业共同"走出去"局面。对此，本文提出以专业化服务深入知识产权创造、以国际化作为服务方向、引进国际高端人才、拓展新兴知识产权服务项目等专利代理服务业国际化发展建议。

【关键词】

"走出去"　专利代理服务业　国际化　发展

* 作者单位：北京市社会科学院法学研究所。

随着全球经济一体化深入推进，“十三五”规划将“一带一路”作为我国未来发展和对外开放的主要战略，我国对外开放战略乃至整体经济发展战略进一步升级，企业大规模“走出去”将成为不可阻挡的趋势。与之相伴的是知识产权服务业的发展也出现了一些新现象和新趋势：企业迫切需要解决“走出去”中的各种知识产权风险，需要有值得信赖的服务机构就海外发展提供可靠的服务；知识产权服务机构在国内激烈竞争的现实面前，开始放眼国际市场，希望能够通过海外扩张增强自身的竞争力。

事实上，作为现代服务业组成部分的知识产权服务业的发展，对于国家的国际竞争力也极为重要。研究指出，“现代服务业的全球化，不仅从根本上改变了世界各国的经济、产业、技术的发展模式，而且正日益深刻地改变各国的经济增长方式，并对各国在世界产业链中的地位、利益的提升产生了重大影响，成为决定各国国际竞争力的重要因素。”[1] 正是在这一趋势下，探索专利代理服务业国际化发展之路的价值凸显出来。

一、我国专利代理服务业发展的机遇

专利代理服务业的发展并不是传统的工业化生产与交易，它需要专业的服务机构依靠专利行业发展规律，从专利的创造、运用、管理和保护诸多环节提供深入服务。同时，它需要科技创新程度与社会经济发展水平都达到一定的水平才能快速发展。原因在于，只有具备一定的经济基础，才能营造出创新主体对知识产权服务、专利代理服务的旺盛需求，而旺盛的市场需求正是一个行业快速发展最强劲的推动力。

当前，创新热潮正在全国掀起。党的十八大明确提出“科技创新是提高社会生产力和综合国力的战略支撑，必须摆在国家发展全局的核心位置”，强调要坚持走中国特色自主创新道路、实施创新驱动发展战略。各类创新活动从大学、研究所、大企业走向全社会，创新领域从科技领域向社会创新领域综合发展。为落实创新驱动战略，各政府部门的政策措施层出不穷，媒体舆论强力聚焦“工业 4.0”“中国制造 2025”“互联网 +”“大众创业、万众创新”。这些都表明，我国的科技创新已进入新的历史阶段。随着我国自主创新能力的不断提高和科学技术的蓬勃发展，各类创新主体的创新意识和创新能力日益增强，对科技创新的需求和积极性旺盛，新成果、新技术应用的市场前景更加广

---

[1] 吴泗．科技服务业发展生态研究［M］．北京：光明日报出版社，2012：78.

阔，将为知识产权服务业的发展创造巨大的发展空间。这必然会促进高端制造业和战略性新兴产业的迅速发展，由此必然会不断扩大对知识产权服务业尤其是专利代理服务业的需求，从而给该行业带来广阔的发展空间并提供良好的发展机遇。

二、专利代理服务业现状及提升空间

尽管我国专利代理服务业已经发展多年，积累了大量经验，随着近年来国家若干政策的出台，也促使该行业整体处于发展的机遇期，但实践也表明我国专利代理服务业客观存在一些问题需要解决，这也是未来专利代理服务业走上国际化发展之路必须克服的困难。

（一）专利代理服务与企业创新联系不足

当前专利代理服务与企业的研发、创新活动并没有建立起密切的关联，导致专利代理服务和企业的专利创造存在空隙，专利代理服务无法实现对发明人“一对一”的服务，造成专利创造的质量不尽如人意。

这是由于专利代理需要的专利挖掘技术性和专业性很强，只有从技术创新项目所属产业、所属技术领域进行相对宏观的整体考察，才能明显提升专利的层次，既考虑技术创新点本身，又考虑到技术创新点在产业链、技术链上的地位、作用和价值，作出具有长远考虑的综合性布局。这需要代理服务尽可能熟悉企业研发过程，了解研发中的技术方案、出现的各种问题以及解决方案。这一切都需要代理人投入足够的时间和精力，对技术领域和技术方案有充分的理解。但在目前的专利代理服务收费制度下，代理机构更多的是对专利产出数量的追求，以便实现自身经济利益，对企业技术的深入了解需要的是服务时间的增加，却无助于短期工作量的增加以及与之挂钩的收入的增长。因此，代理机构的代理成果不能保证将企业的创新周密地体现在专利文件中。专利代理服务与企业创新活动若不保持连续跟进，缺乏对企业专利布局宏观、整体、全面的意识，则所做的专利布局的有效性将随之降低。

（二）代理机构业务“同质化”严重引发机构间恶性竞争，影响专利质量

由于专利代理机构业务单一，“同质化”明显，因此机构间选择价格竞争作为竞争手段，出现机构之间的恶性价格竞争，甚至以低价、授权许诺吸引申请人，影响企业对服务机构的选任。这导致专利代理机构服务质量降低的危险增大，连带影响到知识产权的撰写和诉讼的质量。原因在于，一件专利申请代

理质量的好坏，并不是在申请和授权当时就能评价，往往要等到其获得授权之后真正使用的时候才能体现出来，在专利许可、专利无效、专利诉讼等后续市场行为中被检验。在专利的创造阶段留下漏洞、瑕疵，会直接损害专利的市场价值。

加上一些企业钻专利申请资助政策的空子，只追求专利授权数量，不注重授权专利质量，专利代理服务变成了单纯地“造专利”，产生的专利权利要求数量少、保护范围狭窄。调研显示，不少专利代理人都有应客户要求将整套技术方案拆分为多个部件保护方案的经历。而权利要求保护范围直接影响到专利价值的评估结果，权利要求写太窄，轻易可以被竞争对手绕过，起不到保护发明技术的目的，也会降低专利产品的市场价值。这在企业向海外发展实施知识产权战略时尤其重要，如果只是获得极小保护范围的权利还要为之支付高昂的维持成本，不仅无法实现申请专利的初衷，还会对企业经营造成负担。

（三）对外业务有限，未能形成与企业共同“走出去”局面

目前，我国知识产权中介服务机构的业务大都停留在国内发展阶段，少有进入国际市场的。[1] 已有的专利代理机构能提供高附加值服务的机构数量少，直接导致我国专利代理服务业利润率较低。本土专利代理服务机构的服务内容仍然主要是面向国内专利审查、诉讼等相对单一的业务。为企业提供知识产权战略分析及产品市场战略、风险评估和预警等高端信息服务的能力和水平明显不足。

即使是有对外业务的机构，也表现出对外服务力量有限的问题，现有的服务多集中在翻译、答复国外审查意见方面。与外国事务所的合作，也常常出于成本考虑，由中方代理人进行，外国代理人只是简单核查把关。除了少数律所，国内多数专利代理机构尚不能帮助企业直接开展海外诉讼的应诉工作，这导致国内企业纷纷直接与国外知识产权服务机构建立委托关系，应对海外专利相关诉讼。对许多企业的调研也显示，他们对于本土知识产权法律服务机构的涉外业务水平表现出不放心，宁愿聘请国外机构全程处理海外纠纷。其结果是国内专利代理机构在感慨缺少机会的同时，并不能提升海外诉讼的能力和经验。

这一点与整个中国法律服务国际化都还处于很初级的阶段的现状相符合。

[1] 唐恒．知识产权中介服务体系的构建与发展［M］．镇江：江苏大学出版社，2011：67.

这种初级不仅体现为从事相关业务的律师人数少和相关业务的收入占律师行业总体收入的比例低，更体现为这种业务并不成熟和形成规模。目前中国律师在境外提供的服务，多数是以协商和甄别为主。2014 年 8 月，司法部网站公布的 2013 年度通过年检的外国律师事务所驻华代表机构达到 232 家。相比较于外国律师所在中国设立的代表机构数量，中国律师所在海外设立的机构就少多了，目前只有 30 多家中国大陆律师事务所在境外设立了分支机构。究其深层次的原因，跟我国法律服务水平与发达国家的法律服务水平存在差距有莫大的关联。我国企业在积极实施“走出去”的过程中，产生了许多新的国际化服务需求，但由于我国知识产权服务业发展的速度未能跟上企业向外发展的步伐，服务机构也未能同步“走出去”，因此呈现出未能充分发挥助推作用的状态。

发达国家的法律服务业早已进入全球化状态。在全球化的推动下，法律服务向全球化、规模化、专业化和网络化方向发展。国外大型律师事务所积极实施海外扩张，它们在世界其他国家和地区设立众多分支机构，涉及的法律业务也因此变得综合而富有国际性。经过多年经营，这些律所的信誉不断提高，影响力逐步扩大，形成了辐射全球的法律服务网络。这些大型律所的规模化和国际化，使其自身成为跨国法律服务公司，拥有了在全球竞争的实力，在全球范围的资本市场、金融市场和公司业务中占据绝对优势。同时，为了更多的市场份额，这些律所的分支机构还会努力融入海外市场，实现本土化。通常采用与东道国的律所联合或者聘请东道国的律师到大型律所的分支机构工作，这些措施都有助于推进大型律所的本土化进程。本土化的过程帮助律所克服文化差异，确保律所可以在更大范围和更深层次上参与东道国法律服务市场的竞争。发达国家海外投资的一个重要保障即在于其本国的服务企业能够跟随企业一起“走出去”并为其提供服务。

三、专利代理服务业国际化发展建议

专利代理服务业应当把握当下中国企业“走出去”的大趋势，与海外发展的企业一道实施国际化战略，实现服务与能力的国际化。

规模化决定着代理服务业的广度，而专业化决定着代理服务业的精度与深度。国外学者的研究表明，“服务业跨国公司国际扩张的第一波发生在它们追求客户——第一和第二产业的跨国公司——进行国际扩张时。它们的公司优势在于它们对于客户需要的深刻了解，而且它们能够保证在世界上任一地方向客户提供服务的质量。在这个过程中，服务业跨国公司获得了经验，发现了国际化经营的好处，它们继而利用这些经验和好处发现新的消费者、进入新的市场。结果，在20世纪80年代初，许多追随客户国际化的服务业公司得到了扩展，开始向更多的公司提供服务，成为依靠自身力量的跨国公司。”❶ 伴随中国企业“走出去”的步子更大，中国的专利代理服务机构也应当通过对企业的深入了解，为其提供更多的服务，同时借由对中国企业海外发展的参与，找到自身国际化的道路。

（一）以专业化服务深入知识产权创造

“顾客除了需要经过整合的服务之外，还很看重服务的附加价值，这就要求（服务）企业建立起专业化的知识体系。”❷ 专利代理服务业要帮助中国企业应对国际发展中的各种专利需求，同时提供具有附加价值的服务，因此，其服务应具备精准性，即专利代理机构的服务应当以专业化服务深入企业专利创造。为适应这一需求，专利代理服务机构有必要从加强与创新主体的技术联系和提高自身国际业务能力两方面努力。

1. 加强与创新主体的技术联系

专利代理服务机构应深入企业创新活动，更全面了解企业技术，确保专利申请的质量。一方面，这需要企业和专利代理服务机构在代理业务上建立更加密切的联系，确保具体个案的沟通与联络；另一方面，则要专利代理服务机构多提供对专利及知识产权的社会培训，提升企业技术人员、知识产权管理人员对专利制度的了解和认识，促进专利挖掘的充分与全面。

2. 提高自身国际业务能力

专利代理服务机构的从业人员应主动加强国际法律服务方面的能力。专利代理服务的全球化要求从业人员具备从事国际法律服务的能力与经验。这种能力和经验需要在不断的实践中培养。很多情况下虽然我国在事实和法律依据方面占优势，但由于国际服务能力和经验不足，对国际知识产权服务程序不甚了解，加之语言方面的局限，我国很难在国际诉讼和仲裁中取得预期效果。所以我国专利代理服务机构应注意国际知识产权服务方面的能力培养，积累经验，

---

❶ 耶尔·阿哈罗尼，里拉齐·纳查姆. 服务业全球化：理论与实践启示［M］. 康昕昱，康慕谊，译. 上海：格致出版社，上海人民出版社，2013：29.

❷ 耶尔·阿哈罗尼，里拉齐·纳查姆. 服务业全球化：理论与实践启示［M］. 康昕昱，康慕谊，译. 上海：格致出版社，上海人民出版社，2013：88.

提升涉外服务的能力。

对此，知识产权管理部门的引导规范作用不可或缺。首先，需要引导部分创新主体改变对专利代理服务业及其收费的片面认识。专利代理服务机构的服务虽然是帮助创新主体就其发明创造申请专利，但在服务提供过程中其仍付出了独立的劳动，而且对于专利权的稳定性和有效性发挥着重要作用，因此，专利代理服务收取合理的费用是其劳动所得。专利代理服务的质量取决于服务提供者的认真程度、经验和水平，不同的收费标准是对不同服务的标价。其次，应逐步设定知识产权服务机构的考核标准，引导其向企业创新活动投入力量。鉴于专利申请资助政策造成的专利申请投机行为，知识产权管理部门应考虑调整专利申请资助政策，对授权专利的权利要求数量、专利权维持时间、运用程度等设定考核标准，减少企业和服务机构为获得资助而忽视专利质量的短视获利行为。

（二）以国际化作为服务方向

已有研究显示，客户的国际化程度越高，对法律服务机构的规模化和国际化的要求也就越高。“服务业跨国全球扩张的第一波紧随其他跨国公司全球扩张之后，服务业公司追随他们的客户向海外延伸。”❶ 为适应客户国际化的需求，美国、英国的律所最先实施跨国性的并购以完成全球性的战略布局，最早实行律所的规模化，并因此而具有先发优势。当前，专利代理服务机构需要在服务理念和方向上确定国际化思路，通过实际的业务积累国际经验。

同时，从操作性层面谈，专利代理服务国际化并不是代理机构自身希望就能实现的，而是需要一定的发展过程逐步推进。企业对国内专利代理机构处理国际业务能力的怀疑是首要的问题，对此，代理机构应当重视业务合作的国际化。通过各种国际会议、学术活动和交流，增加专利代理人同国外律师、同行的接触、沟通、交流和磋商机会，以期在业务上取得更好的成效。专利代理机构也通过企业、行业协会和知识产权管理部门的资源，促进与国外知识产权服务机构合作，对国外知识产权制度进行学习，与国外同行开展交流。

以国际化作为服务发展方向，专利代理服务机构在提供服务时应努力按照国际标准执行。国际标准化管理的实施，既能够提高客户的满意度，也能提升服务质量，增强在海外市场的竞争力。同时国际化服务也意味着在机构中增加

❶ 耶尔·阿哈罗尼，里拉齐·纳查姆. 服务业全球化：理论与实践启示［M］. 康昕昱，康慕谊，译. 上海：格致出版社，上海人民出版社，2013：3.

外国法律服务人员的比重，实现所提供服务的“网络国际化、服务本地化”，让专利代理服务机构的服务能力得到真正加强。在发展到一定程度，可能的情况下，专利代理服务机构也要勇于“走出去”，去海外市场建立分支机构，实际开展国际业务并融入东道国的知识产权服务体系中。

（三）引进国际高端人才，拓展新兴知识产权服务项目

伴随经济全球化的发展，科技全球化的趋势也不断加强，包括科技创新资源要素在内的生产要素流动性大大加强，技术与研发能力大规模的跨国界转移、科技发展要素的全球配置，都需要与之相关的知识产权服务跟进。虽然专利代理服务业是以专利代理服务为主业，但实施国际化发展战略，意味着其要从整个知识产权服务业的角度考虑问题；同时，专利代理服务业本身也是一个具有较强学科交叉性的行业，随着技术的进步和创新主体对代理服务种类的需求多样化，专利代理服务的范围可以延伸到更多的领域。

虽然知识产权管理、知识产权价值评估等新兴知识产权服务项目在我国还没有发展起来，但在欧美国家，这类知识产权高端服务人才已经大量存在。目前我国建立的知识产权运营公司、知识产权交易机构都缺乏具有丰富实践操作经验的知识产权运营人才。专利代理服务机构实施国际化战略，除了要守住专利代理业务的本行外，还要努力扩展新的领域和方向。这也意味着服务对象不局限于国内当事人，而是在全球范围内提供知识产权服务。同时积极引进这类国际高端人才，一来拓展自身业务的专业水平和服务层次，二来为将来国内市场的发展储备力量。